Jörn Lacour

Deutsche in der Schweiz
Vom Leben und Arbeiten im Nachbarland
Geschichten und Tipps

Lektora, Paderborn

Inhalt

Vorwort

Wenn Sie dieses Buch in Händen halten, dann vermutlich, weil Sie in die Schweiz gehen wollen oder weil Sie bereits dort sind. Damit sind Sie Teil einer Wanderbewegung, deren Teilnehmerzahl in den letzten Jahren rasant gewachsen ist. Die Begleiterscheinungen sind eine erhöhte Präsenz des Themas in den Medien, Angebote von Dienstleistern speziell für Deutsche, Einbürgerungskurse, Sprachkurse, eine Anzahl Ratgeber zum Thema und sogar Bücher mit Verhaltensmaßregeln für die Deutschen im Nachbarland. In der Schweiz diskutiert man die Frage, wie viele Deutsche das Land verträgt und ob Deutsche den Schweizern etwas wegnehmen. Es gibt also mehr als genug wichtige und unwichtige Informationen und Informationsquellen rund um das Thema. Was soll da noch ein Buch?

Ich wollte wissen, wie es den Deutschen in der Schweiz im Alltag tatsächlich ergeht, welche Erfahrungen sie gemacht haben, wie sie leben und ob sie mit ihrem Leben dort zufrieden sind. Dazu habe ich einen Aufruf gestartet, auf den sich mehr als 350 Deutsche gemeldet haben, um ihre Schweizer Erfahrungen für ein Buchprojekt mit mir zu teilen. Viele von ihnen konnten Interessantes berichten und Begebenheiten schildern, die man in keinem Ratgeber finden kann, da das Leben selbst diese Geschichten geschrieben hat. Ich war überrascht zu erfahren, was manche Teilnehmer erlebt hatten. Daraus ist innerhalb von einigen Monaten ein hoffentlich unterhaltsames Buch mit vielen Portraits entstanden. Alle Portraits sind einzigartig, könnten in der Summe aber vielleicht ein grobes Bild „der" Deutschen in der Schweiz beschreiben. Das ist ein Grund für dieses Buch.

Einiges von dem, was die Interviewteilnehmer erlebt oder beobachtet haben, ergeht vielen, die in die Schweiz gehen, ähnlich. Wenn Sie bereits in der Schweiz sind, wird Ihnen das eine oder andere also vertraut vorkommen und Sie werden vielleicht darüber schmunzeln, dass nicht nur Sie zu Anfang über die eine oder andere schweizerische oder deutsche Eigenheit gestolpert sind. Manches davon kann man sich ersparen, wenn man vorher weiß wie. Auch dazu soll dieses Buch dienen.

Nebenbei werden einige „Basics" erklärt und vermittelt, die für fast jeden, der den Weg in die Schweiz geht, wichtig sind. Es kann ja nicht schaden zu wissen, wie es zum Beispiel mit der Krankenversicherung aussieht, wenn man übersiedelt, oder ob man sich in der Schweiz nach Arbeit umsehen kann, auch ohne gleich eingebürgert zu werden.

Zusammengefasst ist dieses Buch also hoffentlich eine nützliche und unterhaltsame Lektüre für Deutsche, die in die Schweiz gehen wollen oder bereits dort sind. Wenn die Informationen für Sie hilfreich sind, die Geschichten unterhaltsam, wenn Ihnen das Buch gefällt, dann würde ich mich freuen, wenn Sie mir ein kurzes Feedback geben. Falls es Ihnen nicht gefällt, Sie die Infos sinnlos und die Geschichten langweilig finden, freue ich mich ebenfalls über Ihre Meinung. Sie sehen, ich freue mich über vieles. Hauptsächlich über Post. Mailen Sie mir doch an post@schweizbuch.de.
Ich wünsche gute Unterhaltung!

Jörn Lacour

PS: Der Einfachheit halber wird im Buch bei Beschreibungen (Zuzügler/Zuzüglerin, Gastgeber/Gastgeberinnen) die männliche Form gewählt. Die Berichte und Erlebnisse der Interviewteilnehmer wurden nicht selten auf in der Schweiz erworbenen Computern geschrieben. Dazu das Zitat eines Interviewteilnehmers: „Negativ ist sicherlich die Schweizer Tastaturbelegung, an die ich mich nur schwer gewöhnen kann!" Denn es findet beispielsweise das „ß" auf einer Schweizer Tastatur gar nicht statt, ebenso wenig wie im Schwizerdütsch als Sprache. Wir haben uns für dieses Buch allerdings für die deutsche Schriftsprache entschieden und deshalb in Zitaten und wörtlicher Rede entsprechend „ss" durch „ß" ersetzt. Und noch schnell etwas zum eben erwähnten „Schwizerdütsch": Es gibt einige Schreibweisen dieses Begriffs. Richtig wären unter anderem auch „Schwiizertüütsch", „Schwizertüütsch", „Schweizerdeutsch" und „Schwyzerdütsch". Im Buch kommen die unterschiedlichen Schreibweisen !– ganz nach Schweizer Art – ausgewogen verteilt vor.

250.000

Die Schweiz ist Auswandererziel Nr. 1. In den vergangenen Jahren stieg die Zahl der Deutschen, die ins Land der Berge gingen, kontinuierlich. 23.500 waren es 2007, 29.000 im Jahr 2008. Und auch mit der Wirtschaftskrise 2009 ist der Strom der Zuzügler nicht versiegt. Die Zahlen machen Eindruck, wenn man bedenkt, dass beispielsweise 2007 insgesamt nur etwa 160.000 Bundesbürger überhaupt die Heimat verlassen haben. 210.000 Deutsche haben mittlerweile den ersten Wohnsitz in der Schweiz. Hinzu kommen etwa 40.000 Grenzgänger und Kurzaufenthalter.

Sie arbeiten in allen Bereichen der Volkswirtschaft und leben in allen Teilen des Landes. Es gibt allerdings Schwerpunkte. So finden sich die meisten in der Schweiz lebenden Deutschen im Gesundheitswesen, im Banksektor und im Gastgewerbe. Dahinter folgt knapp das Handwerk. Auch geografisch lässt sich der Strom der Teutonen eingrenzen. Die meisten Deutschen gehen in den Kanton Zürich, in die Agglomeration Basel und in die Gebiete nahe der Deutschen Grenze. Natürlich sind Deutsche auch in Bern, Luzern und Winterthur vertreten. Einige finden sich aber auch im sonnigen Tessin und manche versuchen es gar in Graubünden oder in Genf.

Der Trend in Richtung Süden hat seine Ursache vor allem in dem Freizügigkeitsabkommen zwischen der Europäischen Union und der Schweiz. Das Abkommen regelt unter anderem die freie Wahl von Arbeits- und Wohnort für EU-Bürger im gesamten Alpenland. Es trat 2007 in Kraft und löste die bis dahin geltenden Kontingente für den Zuzug von Ausländern in die Schweiz ab. Seither wächst allein im Kanton Zürich die Zahl der Deutschen um etwa 400 pro Monat.

Einfach so und ohne Formulare geht das natürlich auch bei den Eidgenossen nicht, selbst wenn die Behörden dort von den Deutschen durchweg als bürgernäher und freundlicher als in der Heimat empfunden beschrieben werden. Man benötigt noch immer eine Genehmigung, um in der Schweiz zu leben und zu arbeiten. Je nachdem, was man macht, wie lange man es macht und ob man in die Schweiz zieht oder zwischen den Ländern pendelt, bekommt man eine der verschiedenen Bewilligungen zuerkannt. In vielen Fällen regelt der Schweizer Arbeitgeber die Anmeldung. Auch der Umzug wird häufig vom neuen Chef organisiert. In Städten wie Zürich lädt die Verwaltung regelmäßig zu Kennenlern-Abenden für die neuen Deutschen. Und auch wenn die Schweizer Volkspartei die Frage stellt, wie viele Deutsche die Schweiz verträgt – als Räder im Schweizerischen Wirtschaftsgetriebe sind Deutsche willkommen.

Arbeitsbesuch – die Schweiz für Grenzgänger

Neben den in der Schweiz lebenden Deutschen bereichert ein Heer von Grenzgängern die Schweizerische Volkswirtschaft. Als Grenzgänger arbeiten sie in der Schweiz, haben ihren ersten Wohnsitz aber in Deutschland. Die Gültigkeit der hierfür nötigen Grenzgängerbewilligung hängt vom Arbeitsvertrag ab. Ist die im Vertrag vereinbarte Dauer kürzer als zwölf Monate, beschränkt sich die Bewilligung auf die Dauer des Arbeitsvertrags. Bei über zwölfmonatiger Dauer oder unbefristeter Anstellung ist die Grenzgängerbewilligung fünf Jahre gültig. Ein Anspruch auf Verlängerung um jeweils weitere fünf Jahre besteht, solange die oben genannten Voraussetzungen weiterhin erfüllt werden. Der Ausweis kann vom Arbeitgeber eingeholt werden. Voraussetzungen sind ein Arbeitsvertrag, eine deutsche Meldebescheinigung, eine Kopie des Passes oder Personalausweises und ein Passfoto.

ASN für alle Fragen
Deutschland - Schweiz

- Wir helfen Ihnen Verträge, Reglemente und Entlöhnung zu verstehen.
- Wir unterstützen Sie bei Fragen zur Einreise und Aufenthalt in der Schweiz
- Wir erörtern Ihnen Kranken– und Sozialversicherungen
- Wir führen individuelle, internationale Vorsorgeanalysen durch
- Wir bieten steuerwirksame Vorsorgelösungen für Grenzgänger
- Wir ermöglichen Ihnen Zugang zu unserem unabhängigen Netzwerk an Steuer– und Arbeitsrechtsexperten, Umzugsfirmen, etc.
- Wir beantworten auch Fragen zur Rückkehr, Lokalisierung und Weiterreise. Wir optimieren die Lösung für jede Situation.

ASN AG, Expatriates-Profis seit 1991
Praktisch und bedürfnisgerecht

Kontaktieren Sie uns !
Tel: +41 (0)43 399 89 89
E-mail: info@asn.ch

ASN AG
Bederstrasse 51
CH-8002 Zürich
Fax +41(0)43 399 89 88
www.asn.ch

ASN
Services for Expatriates

Leben in zwei Welten

Als Diplom-Ingenieur zog es Jens-Christoph Baumann 1998 nach Basel. Sein Fachgebiet, die Chemie, gab den künftigen Arbeitsort vor: entweder der Frankfurt-Mannheimer Ballungsraum mit seinen großen Chemiewerken oder Basel, die Chemie-Metropole in der Mitte Europas. Ausschlaggebend für den damals 23-Jährigen waren die besseren Entwicklungsmöglichkeiten im Nachbarland. Denn in Deutschland ist ein FH-Ingenieur nicht als vollwertiger Akademiker anerkannt, somit bestehen nur begrenzte Entfaltungsmöglichkeiten. In der Schweiz ist das anders. Dort gelten HTL-Ingenieure (Schweizer Fachhochschule, Pendant zur Deutschen FH) bereits als Akademiker und haben deshalb die besseren Karrierechancen. Baumann ist sich sicher, dass er die Arbeit, die er heute macht, in Deutschland auf keinen Fall ausüben könnte. Und natürlich würde er auch nicht das entsprechende Gehalt bekommen. Doch Jens-Christoph Baumann zog nicht direkt nach Basel. Er suchte sich Rheinfelden als Wohnort aus, unmittelbar an der Schweizer Grenze und ca. 10 km von Basel entfernt gelegen. Als Grenzgänger lebt er seitdem in zwei Ländern. Tagsüber in Basel, nachts in Rheinfelden. Das hat er sogar schriftlich: In seinem Schweizer Grenzgängerausweis von 1998 stand noch, dass er das Land am Abend wieder zu verlassen habe. Den Ausweis holte sein Arbeitgeber ein. Pro forma müsste er heute aber nur noch einmal wöchentlich den Schweizer Schlagbaum passieren, um als Grenzgänger seine Auflagen zu erfüllen. Mittlerweile hat Baumann seine zweite Stelle in Basel angetreten. So ganz in die Schweiz möchten er und seine Frau, die ebenfalls auf der anderen Rheinseite arbeitet, aber dennoch nicht: „Wir sind beruflich wie privat froh über die Nähe zur Schweiz, bevorzugen aber das Leben auf der deutschen Seite. Mit der Zeit erkennt man, dass auch die Schweiz nicht das Land ist, in dem nur Milch und Honig fließt. Man kann aber das Beste aus beiden Welten wählen – die Mischung macht`s!"

L, B oder C – die Schweiz auf Zeit oder für länger

Mit Einführung der Personenfreizügigkeit benötigen deutsche Arbeitnehmer in der Schweiz keine Arbeitsbewilligung mehr. Vor Inkrafttreten der Personenfreizügigkeit war die Erteilung einer Arbeitsbewilligung unter anderem auch an Kontingente gebunden. Dadurch wurde der Anteil ausländischer Arbeitskräfte in der Schweiz reguliert. Diese Regulierung ist seit Juni 2007 entfallen.

Ebenfalls seit Juni 2007 entfällt die Einschränkung der Mobilität, welche den Aufenthalt auf grenznahe Gemeinden beschränkte. Sowohl Dauer- als auch Kurzaufenthalter haben jetzt das Recht, sich in jeder Gemeinde der Schweiz anzumelden.

Für Arbeitnehmer, die bis zu 90 Tage in der Schweiz tätig sein möchten, ist auch keine Aufenthaltsgenehmigung mehr nötig. Sie müssen sich lediglich bei den kantonalen Arbeitsmarktbehörden anmelden.

Arbeitnehmer, die länger als drei Monate in der Schweiz arbeiten, müssen nach wie vor eine Aufenthaltsbewilligung einholen. Innerhalb von acht Tagen nach der Einreise sollten Sie als Arbeitnehmer den Aufenthalt bei Ihrer Gemeinde anmelden. Die Gemeinde leitet die Unterlagen in der Regel an die kantonale Migrationsbehörde weiter. Die nötigen Unterlagen sind in diesem Fall ein Identitätsausweis (Reisepass oder Personalausweis) und ein Arbeitsvertrag bzw. eine Arbeitsbestätigung.

Die Art der Aufenthaltsbewilligung hängt ab von der Dauer des Arbeitsverhältnisses.

Dauert das Arbeitsverhältnis nicht länger als ein Jahr, jedoch länger als drei Monate, erhalten Sie eine Kurzaufenthaltsbewilligung L für die Dauer Ihres Arbeitsvertrages. Wird Ihr Arbeitsvertrag verlängert oder erhalten Sie einen neuen Arbeitsvertrag (auch bei einem anderen Arbeitgeber), so können Sie diese Bewilligung jederzeit um die Dauer des neuen Vertrages verlängern lassen, ohne dass Sie zwischendurch das Land verlassen müssten.

Haben Sie einen Arbeitsvertrag für länger als ein Jahr oder unbefristet, so bekommen Sie eine Aufenthaltsbewilligung B für fünf Jahre. Dies gilt auch, wenn der Vertrag im Anschluss an einen befristeten Vertrag entsteht.

Die Aufenthaltsbewilligung B können Sie bei Vorlage eines entsprechenden Arbeitsvertrages jeweils um fünf Jahre verlängern. Ausnahme:

Bei der ersten Verlängerung kann der weitere Aufenthalt auf ein Jahr beschränkt werden, sofern Sie seit mehr als einem Jahr unfreiwillig arbeitslos sind.

Die fünfjährige Aufenthaltsbewilligung kann Ihnen nicht entzogen werden, falls Sie in Folge von Krankheit oder Unfall vorübergehend arbeitslos werden sollten. Auch wenn Sie gekündigt werden, also unfreiwillig arbeitslos werden, bleibt die Aufenthaltsbewilligung für die Dauer erhalten. Diese „Unfreiwilligkeit" müssen Sie sich jedoch vom zuständigen Arbeitsamt bestätigen lassen. Auch nach Beendigung eines Arbeitsverhältnisses von weniger als einem Jahr können Sie bis zu sechs Monate in der Schweiz bleiben, um sich eine neue Stelle zu suchen. Nach Ablauf einer Aufenthaltsdauer von in der Regel fünf Jahren können Sie die unbefristete Niederlassungsbewilligung C erhalten.

Feste schnufa!

Sebastian Thormann ist noch nicht lange Assistenzarzt im Luzerner Kantonsspital, als er in den Schockraum gerufen wird. Der Patient ist ein verunglückter Mann aus den Bergen. Er scheint bewusstlos. Thormann spricht auf ihn ein. Der Schwerverletzte atmet nicht mehr. „Sie müssen Luft holen. Tief Luft holen …" Keine Regung des Schweizers. Der Arzt wird lauter: „Luft holen, sie müssen atmen!" aber der Mann reagiert nicht. Erst als Thormann verzweifelt ruft: „Schnufa, feste schnufa", atmet der Schweizer tief ein. Thormann ist erleichtert. Und angekommen. Neben diesem außergewöhnlichen Erlebnis sind es die positiven Ereignisse, die überwiegen, fragt man Sebastian Thormann nach der Akzeptanz, die ihm von den Schweizer Patienten entgegengebracht wird. Vieles hängt vom eigenen Auftreten ab, ist sich der Dortmunder sicher. „Die Menschen sind dann freundlich und zugewandt. Viele fragen, wenn sie merken, dass man Deutscher ist, ob man auch Schwitzerdütsch versteht."

Auf Rat von Kollegen, die bereits in der Schweiz tätig waren, kam der Arzt und ehemalige Leistungssportler 2007 nach Luzern. Nachdem er einige Zeit als Mediziner in England gearbeitet hatte, wollte er nicht wieder in eine Anstellung nach Deutschland zurück. Kurzfristig bewarb er sich bei einigen Spitälern, wobei er zunächst lernte, dass Assistenzstellen in der Schweiz recht langfristig verplant werden. Es regnete Absagen.

Thormann kannte Luzern durch seine Ruderkarriere und suchte ein großes Spital, jedoch keine Uniklinik. So war Luzern von Anfang an sein Favorit. „Um Luzern habe ich mich besonders bemüht. Letztlich zählt nur Eigeninitiative, und dadurch habe ich dann auch die Stelle bekommen. Nach einem persönlichen Gespräch kam der Anruf, ich solle am 1. April 2007 im Kantonsspital anfangen. Weiter brauchte ich mich um fast nichts zu kümmern. Der Ausländerausweis wurde vom Spital beantragt, und da ich in Luzern Bekannte hatte, musste ich zunächst auch keine Wohnung suchen. Manche Dinge, etwa Konto, Kreditkarte und Telefonvertrag waren allerdings aufgrund meiner L-Bewilligung etwas schwierig. Und natürlich war die Verständigung anfangs schwer. Doch das sollte niemanden abschrecken. Ich habe mich schon nach wenigen Wochen gut eingelebt. Insgesamt hat Luzern eine hohe Dichte an deutschen Ärzten und ich bin mit offenen Armen empfangen worden."

Der Alltag des Assistenzarztes ist jedoch auch im Heidiland kein Zuckerschlecken. Der Verwaltungsaufwand ist sehr hoch. „Wenn ich zusammenrechne, wie viel Zeit ich täglich mit Patienten verbringe und wie viel ich an Rechner, Schreibtisch, Telefon sitze, um das Ganze zu verwalten, dann lehnt sich das System auch hier mehr und mehr zu Gunsten von Bürokratie und Nebenarbeiten. Papierkrieg und administrative Aufgaben, die eigentlich von Sekretärinnen und Hilfskräften erledigt werden könnten, werden auf die Assistenten abgewälzt. Es ist eben so, dass meine Arbeitszeit billiger ist als die einer Sekretärin. Die Lobby der Assistenzärzte ist auch hier nahe dem Boden und somit ist man das schwächste Glied der Kette. Hier ließe sich noch vieles ändern und damit auch die Pflege und Versorgung der Patienten verbessern. De facto haben wir eine 50-Stunden-Woche bei 20 Tagen Urlaub. Wie in Deutschland leisten auch hier die Assistenzärzte einiges mehr an Arbeitsstunden. Ohne Bezahlung und ohne Anspruch auf Kompensation. Weiterbildung läuft da nur nebenher, in der Freizeit und oft auf eigene Kosten. Gut, man verdient mehr als in Deutschland, aber die Lebenshaltungskosten sind auch höher." Doch klagen will Thormann auf keinen Fall. Medizin auf hohem Niveau und der Bedarf an Fachkräften reizen ihn. „Alles in allem bin ich einfach froh, hier zu sein. Ich könnte mir vorstellen, auch als niedergelassener Arzt in der Schweiz zu bleiben." Das Freizügigkeitsabkommen zwischen EU und CH hat es ihm einfach gemacht. Schwieriger gestaltet sich der Nachzug seiner kanadischen Lebensgefährtin. Auch als Akademikerin ist sie von der Zuzugsreglementierung für Menschen aus Nicht-EU-Staaten betroffen.

Dauerhaft in der Schweiz – die C-Bewilligung

Nach Ablauf einer durchgängigen Aufenthaltsdauer von fünf Jahren kann jeder Deutsche die unbefristete Niederlassungsbewilligung C erhalten. Diese Bewilligung gilt uneingeschränkt und ist nicht an Bedingungen wie etwa einen Arbeitsnachweis geknüpft. Die Bewilligung bezieht sich allerdings auf den Kanton Ihres Wohnortes.

Die Niederlassungsbewilligung selbst ist unbefristet, aber der dazugehörige Ausländerausweis wird zur Kontrolle jeweils auf drei Jahre ausgestellt. Spätestens zwei Wochen vor Ablauf der Kontrollfrist ist der Ausländerausweis zur Verlängerung an das Amt für Migration zu schicken. Gleichzeitig müssen Sie mitteilen, ob Sie erwerbstätig sind, studieren oder eine Rente beziehen. Der Ausweis wird dann durch das Amt um drei Jahre verlängert und zurückgeschickt.

In Ihrem Ausländerausweis steht Ihre Meldeadresse, die Sie bei einem Wohnortswechsel bei der zuständigen Gemeinde aktualisieren müssen. Falls Sie in einen anderen Kanton umziehen möchten, müssen Sie vorher beim neuen Kanton ein schriftliches Niederlassungsgesuch stellen, das der Bewilligung bedarf. Die Niederlassungsbewilligung gilt immer nur für einen Kanton.

Falls Sie sich für bis zu sechs Monate ins Ausland begeben, sollten Sie sich in Ihrem Kanton auf keinen Fall abmelden, da mit dieser Abmeldung die Niederlassungsbewilligung automatisch erlischt und neu beantragt werden muss. Bei einem definitiven Wegzug müssen Sie sich natürlich abmelden.

Die Niederlassungsbewilligung kann bei einem längeren Auslandsaufenthalt unter gewissen Voraussetzungen (mindestens zehnjähriger Aufenthalt in der Schweiz, keine Abhängigkeit von Sozialhilfe, Gewähr der finanziellen Unabhängigkeit von schweizer Behörden bei der Rückkehr) für maximal zwei Jahre aufrechterhalten werden. Ein schriftliches Gesuch sollte vor der Ausreise, spätestens aber innerhalb von sechs Monaten nach Ihrer Ausreise beim Kanton eingereicht werden. Zudem darf das bisherige Verhalten zu keinen Klagen (Sozialhilfeabhängigkeit, Schulden, Strafurteilen) Anlass gegeben haben.

Bei einer Namensänderung, z. B. durch Heirat, müssen Sie zunächst den Namen in Ihrem Identitätsausweis (Deutscher Pass/Reisepass) ändern und anschließend den Ausländerausweis aktualisieren lassen, da dieser sich immer nach den Daten des Identitätsausweises des Heimatlandes richtet.

Den Verlust Ihres Ausländerausweises sollten Sie umgehend dem Amt für Migration melden. Sie bekommen ein Verlustformular zugeschickt, welches Sie dann mit einem Passbild retournieren, woraufhin man Ihnen einen neuen Ausweis ausfertigt.

Achtung: Die Niederlassungsbewilligung erlischt mit dem Wegfall des heimatlichen Ausweispapiers. Versäumen Sie also auf keinen Fall, den deutschen Personalausweis und den Reisepass immer rechtzeitig zu verlängern!

brilliant people · high profile clients · a splendid challenge

Wer Ausserordentliches bietet,

kann Ausserordentliches erwarten.

Informatik-Projekte finden Spezialisten,
Informatiker finden die Herausforderung, die ihrem Können entspricht.

contracting · freelancing · placement · payrolling

global **human** resources · das internationale Netzwerk, welches
Profis und Aufträge in höchstmöglicher Übereinstimmung zusammenführt.

global **human** resources ®
we connect professionals

Was tun die Deutschen in der Schweiz?

Die Schweiz war bereits in den 1920er Jahren ein Land für deutsche Zuwanderer. Damals waren es Intellektuelle, Studierte und vor allem Mediziner, die es in die Schweizer Städte zog. Heute regelt der Arbeitsmarkt
die Nachfrage. Stärker als je zuvor sind deutsche Mediziner gefragt, die
mittlerweile ein Viertel der Ärzte in der Schweiz stellen. Auch beim Pfle-
gepersonal ist die Deutschenquote hoch. Schweizer Universitäten sind
zahlreich besetzt mit deutschen Professoren und deren Gefolge und natürlich sind die Schweizer Banken bei deutschen Bankern beliebt. Während man Banker und Studierte hauptsächlich in und um Zürich findet,
sind diejenigen Deutschen, die im Schweizer Bausektor beschäftigt sind,
auf das ganze Land verteilt und oft nur temporär in der Schweiz. Hinzu
kommen noch einige tausend Deutsche, die im Gastgewerbe in der ganzen Schweiz tätig sind, sowie die vielen Pendler im Raum Basel und am
Bodensee.

Im Boot sitzen und Berge sehen

Nach der Ausbildung internationale Erfahrung zu sammeln, war die Motivation von Tatjana Giesbrecht. Um dabei den Kontakt mit der Familie nicht zu verlieren, entschied sich die Hotelfachfrau zunächst für die Nachbarländer Österreich und Schweiz. Aus dem großen Stellenangebot im Hotelbereich filterte sie 30 interessante Offerten, alle aus dem 4-Sterne-Bereich. Aus den immerhin 15 Einladungen zum Vorstellungsgespräch sortierte die junge Frau nochmals die besten Lagen und so blieben schließlich sieben Erste Häuser in Wien, Innsbruck und Zürich. Von der Deutschen Arbeitsagentur, die der gut Ausgebildeten neben ein paar regionalen Stellen höchstens einen Job als Saison-Servicekraft an der Nordsee hätte anbieten können, bekam sie – auf Anfrage – einen Teil der Reisekosten erstattet. So wurde aus der Jobsuche eine dreitägige Rundreise. Ergebnis: mehrere konkrete Stellenangebote, eines davon in Zürich. Vom Marriott-Hotel im Norden der Stadt war die 21-Jährige sofort begeistert. Die junge Mannschaft, ein kompetenter Chef, die Vorteile einer weltweiten Kette, dazu Zürich als Metropole. Der Abschied von Hameln fiel da nicht schwer.

Auch finanziell wurde Giesbrecht der Gang ins Ausland leicht gemacht. „In Deutschland hätte ich im ersten Anstellungsjahr etwa 1050,- € Netto verdient. Hier bekomme ich gut 3000,- Sfr, etwa 1800,- €. Die Arbeitszeiten sind vergleichbar, mit dem Unterschied, dass Überstunden hier in der Schweiz ausgeglichen oder bezahlt werden. In Deutschland ist es schon in der Ausbildung und auch danach gang und gäbe, dass Überstunden nicht vergütet werden", weiß die Hotelfachfrau.

Nach den ersten Tagen im Job kam bald die Ernüchterung. Kontakte blieben oberflächlich, Giesbrecht fühlte sich nicht wirklich willkommen. „Dort, wo ich zuvor gearbeitet hatte, wurden neue Kollegen mehr integriert, einfach mitgenommen. Ich lernte, dass im Hotelfach vor allem in Zürich ein großes Kommen und
Gehen herrscht. Es gibt nur wenig Stammbelegschaft. Viele gehen für ein Jahr in die Schweiz, da richtet sich kaum jemand wirklich ein. Die neuen Kollegen waren nicht abweisend, doch alles blieb unverbindlich."

Sie lernt, die Situation zu akzeptieren. Heute noch mal vor diese Situation gestellt, würde sie von Anfang an aktiver rangehen, um schneller Menschen und Stadt kennen zu lernen. Auch wenn das schlechte Bier und das Fehlen von Eisdielen in der Stadt sie stören, mittlerweile weiß Giesbrecht die Lebensqualität in Zürich zu schätzen: „Es fühlt sich toll an, in einem Boot zu sitzen und dabei auf Berge zu sehen. Man braucht nur ein wenig rauszufahren, um der absoluten Idylle und Natur zu begegnen. Ich fühle mich glücklich, wenn ich braune Kühe mit Glocken um den Hals sehe. Was die Lebensqualität hier steigert, sind die vielen Möglichkeiten: Skifahren, Segeln, Tandemspringen, Feiern, Reiten – alles kein Problem. Von meiner Heimatstadt Hameln sind es ein paar Stunden bis zum nächsten größeren See, zum Skifahren muss man nach Süddeutschland und alles muss man planen und organisieren. Hier fährt man raus und tut es einfach."

Was die Deutsche nicht akzeptiert, sind Unfreundlichkeiten im Alltag. Nicht nur die Plakate der SVP stören sie. Im Baumarkt wird sie nicht bedient, auf Nachfrage heißt es: „Was erwarten Sie als Deutsche?" – Giesbrecht beschwert sich per Mail, eine Antwort bleibt aus.

In einem Cafe versteht sie die Kassiererin nicht. Auf Nachfrage bekommt sie zur Antwort: „In Frankreich oder Belgien hätten Sie wohl auch erst die Landessprache gelernt, oder?"

Auch manche Nachbarn im Haus zeigen sich abweisend. Es gibt Beschwerden beim Vermieter, Giesbrecht sei „zu laut", an Abenden, an denen sie im Hotel arbeitet. Besonders eifrige Hausbewohner überzeugen sich tief in der Materie, ob die Deutsche ihren Müll auch sorgfältig genug trennt. An ihren Waschtagen – jeder ist zu festen Zeiten dran – fällt die Waschmaschine wie von Geisterhand aus, um am nächsten Tag wieder zu funktionieren. Ein Gespräch mit dem Vermieter und Einschreiben an die Hausbewohner, in denen die junge Frau vorschlägt, die Lächerlichkeiten doch einfach einzustellen, zeigen Wirkung. „Seitdem ist es relativ ruhig", freut sich Tatjana Giesbrecht, die sich ein Leben in der Schweiz eher vorstellen kann als in Deutschland.

Ein Pfälzer für die Lichter der Großstadt

Dass es sehr schnell gehen kann mit einem Job in der Schweiz, diese Erfahrung machte auch Benjamim Jentzsch, nachdem er im Frühjahr 2008 arbeitslos wurde. „Ich war in Deutschland bei einer Großwäscherei beschäftigt, als ich – noch in der Probezeit – einen Arbeitsunfall hatte. Daraufhin wurde mir gekündigt. Ich habe mich dann beim Arbeitsamt auch auf Stellen in Amerika und Kanada beworben. Denn wenn ich als Elektroinstallateur von meinem Verdienst einigermaßen leben wollte, musste ich raus aus Deutschland, das war mir klar." Dann kam der Anruf vom Arbeitsamt. Man hätte eine Firma in der Schweiz, die dringend Elektriker suche, ob man seine Daten weitergeben dürfe? Man durfte. Keinen halben Tag später meldete sich eine Zeitarbeitsfirma aus Bern. „Man machte mir ein Angebot, das ich nicht ablehnen konnte. Eine halbe Stunde darauf hatte ich den Arbeitsvertrag per E-Mail vorliegen und schon am Montag sollte ich anfangen. Es blieb mir also nur noch das Wochenende, um das Wichtigste zu regeln und zu packen", erinnert sich der damals 26-Jährige an die plötzlich völlig neuen Perspektiven. Seine Freundin war nur mäßig begeistert von den Aussichten und auch die Eltern brauchten etwas länger, um zu akzeptieren, dass ihr Junge sein Glück nun etwas weiter im Süden finden wollte.

Die ersten sechs Monate wohnte Temporärarbeiter Jentzsch in einer Pension in Gempenach, einer kleinen Gemeinde im Kanton Freiburg. Gern erinnert er sich an die Zeit dort. „Ich bin damals sehr freundlich vom Wirt und seiner Familie aufgenommen worden. Das Personal im Restaurant taute ebenso nach einer gewissen Zeit auf. Ich bin auch heute noch hin und wieder zum Essen dort. Die Fußballeuropameisterschaft ist mir besonders positiv in Erinnerung. Das nahe Bern war die Stadt der Holländer, bis zu deren Ausscheiden. Und der Wirt war in dieser Zeit für jeden Spaß zu haben. So haben wir damals an seinem Fahnenmast – wo sonst das ganze Jahr die Schweizer Flagge weht – zum Viertelfinale die deutsche Fahne gehisst. Auch nach der EM hing sie noch eine Weile – allerdings nur auf halbmast", beschreibt Jentzsch diesen wohl etwas anderen Schweizer Humor. Auf den Baustellen arbeitete er überwiegend mit Schweizern zusammen. Auch nach Feierabend trifft er meist Einheimische. „Zu Anfang waren sie zurückhaltend, aber nach einer Weile sind sie hier sehr offen und herzig zu einem, gerade auf dem Dorf." Die Landessprache verkneift er sich jedoch: „Ich möchte den Schweizern nicht zumuten, dass sie einem Pfälzer zuhören müssen, der versucht, sich in ihrer Mundart die Zunge zu brechen!", lacht er.

Mittlerweile wohnt Jentzsch in einer eigenen Wohnung in Wünnewil, auf halber Strecke zwischen Bern und Fribourg. „Nach Bern sind es ca. zehn Minuten mit dem Auto. Das ist gut, denn über eine Stellensuche im Internet bin ich zu einem neuen Job gekommen. Seit Mai 2009 bin ich bei der Stadt Bern beschäftigt. Bei der EWB (Energie Wasser Bern) arbeite ich in der Instandhaltung der öffentlichen Beleuchtung der Stadt."

Wir haben hier ganz andere Steine! – Zeitarbeit in der Schweiz

Jürgen Büsser vermittelt deutsche Baufachkräfte auf Schweizer Baustellen. Für eine Temporärfirma rekrutierte er in 2008 über 650 „Temporäre", so nennt man Zeitarbeiter dort, für das Schweizer Baugewerbe.

Frage: „Wie erklären Sie die hohe Nachfrage für Deutsche im Schweizer Bausektor?"

Antwort: „In der Baubranche boomt besonders die Schaffung von Wohnraum, was etwa 80 % des Schweizer Bauvolumens ausmacht. Investitionen werden vorwiegend von Banken und Gesellschaften getätigt, die die neugeschaffenen Immobilien dann verkaufen oder vermieten. Der Bedarf ist groß. In den 90ern kamen viele Menschen vom Balkan, die noch immer in der Schweiz leben, und viele Ausländer mieten oder kaufen hier einen Zweitwohnsitz."

F: „Zeitarbeit hat in Deutschland einen sehr schlechten Ruf. Kaum jemand möchte so beschäftigt sein. Was ist in der Schweiz anders?"

A: „Ein Schlüsselfaktor für die Effizienz des Schweizer Modells ist sicherlich die Kündigungsfrist, die es erlaubt, schnell und flexibel zu reagieren. Man kann das als Vor- oder Nachteil sehen. Wenn ich in Deutschland bei einer Zeitarbeitsfirma angestellt bin, gelten Kündigungsfristen wie bei einer ‚normalen‘ Anstellung. Allerdings verdiene ich bei der Zeitarbeitsfirma erheblich weniger. Das ist ein großer Nachteil für die dort Beschäftigten. Er entsteht aus der Notwendigkeit, dass die Zeitarbeitsfirma den Arbeitnehmer weiterbezahlen muss, auch wenn es keine Arbeit gibt. Die Zeitarbeitsfirma muss das abfangen. Das endet in zum Teil haarsträubenden Verträgen mit den Mitarbeitern, bei denen sich oftmals die Frage stellt, ob sie noch rechtmäßig oder tarifgerecht sind. Ich möchte es nicht verallgemeinern, doch die Hauptursache für den schlechten Ruf sind sicher die geringen Tarife in der Zeitarbeit. In der Schweiz sind die Kündigungsfristen gestaffelt. In den ersten drei Monaten zwei Tage, dann bis zum sechsten Monat sieben Tage, danach vier Wochen. Dadurch ist die Hemmschwelle, Leute einzustellen, wesentlich geringer als in Deutschland. Das setzt natürlich eine hohe Flexibilität der temporären Mitarbeiter voraus. Durch Zulagen auf den Stundenlohn wird diese Flexibilität ausgeglichen."

F: „Wie bringen Sie deutsche Mitarbeiter an die Arbeit in der Schweiz?"

A: „In der Schweiz spielt sich eigentlich alles regional ab. Aufträge werden regional vergeben, Ausschreibungen berücksichtigen zunächst den regionalen Markt. Das ist Tradition. Auch die Auftraggeber im Baugewerbe schauen vor Ort nach Partnern. Aus diesem Grund haben wir ein dichtes Netz von Agenturen in der Schweiz. Wir arbeiten direkt mit den Kunden im Kanton. 30 % unserer Arbeitskräfte kommen mittlerweile aus Deutschland. Der Rest sind Schweizer. Unsere Kandidaten werden zunächst in einer Datenbank erfasst, auf die alle örtlichen Agenturen zugreifen können. Hat die Agentur einem Kunden einen passenden Mitarbeiter vermittelt, informieren wir den Kandidaten, besorgen ihm eine Unterkunft vor Ort und erledigen die Formalitäten. Anschließend nehmen wir ihn in der Schweiz in Empfang und bringen ihn direkt zum Kunden."

„Zwei Stunden länger fahren für's dreifache Geld"

F: „Die Mitarbeiter leben also in Deutschland und fahren von dort auf die einzelnen Baustellen und anschließend wieder nach Hause?"

A: „Prinzipiell ist das so. Allerdings sind wir so ausgelastet, dass 80 % des Personals nahtlos das ganze Jahr in der Schweiz arbeiten kann. Unsere deutschen Mitarbeiter kommen als Kurzaufenthalter in die Schweiz und leben während der Aufträge in Unterkünften vor Ort. Ihre Familien bleiben zum Großteil weiterhin in Deutschland. Aber es ist ja auch so: Wenn einer unter der Woche von Dresden nach Stuttgart fährt, um für sieben Euro Stundenlohn als Sanitärmonteur für eine deutsche Zeitarbeitsfirma zu arbeiten, dann kann er auch zwei Stunden weiter fahren, um das dreifache Geld in der Schweiz zu verdienen. Und da ist es egal, ob er in Luzern, Zürich oder Winterthur arbeitet."

F: „Stichwort Geld. Was wird verdient?"

A: „Es wird gnadenlos nach Stunden bezahlt. Wir haben Dachdecker, die leisten in der Hochsaison 240 Stunden im Monat. Das machen sie gern, weil sie wissen, dass sie im Winter drei oder mehr Monate frei haben. Die sagen mir direkt: ,Vor März brauchst du mich gar nicht anrufen.' Die verdienen rund 8.000 Franken brutto im Monat, denn sämtliche Zulagen für Urlaubsentschädigung, Feiertagsausgleich und dreizehnten Monatsgehalt werden anteilig mit dem Stundenlohn ausgezahlt. Im Winter beziehen sie in Deutschland ALG I und erholen sich. Auch wenn sie in Deutschland arbeiten würden, wäre das wohl nicht anders."

F: „Wo sind die Mitarbeiter angestellt? Wie steht es mit den Beiträgen für das deutsche Sozialsystem, in dem sie ja praktisch ,überwintern'?"

A: „Angestellt sind sie in der Schweiz. Die dort vom Lohn gezahlten Beiträge zur Sozialversicherung werden nach Beendigung des Arbeitsverhältnisses von der Schweiz nach Deutschland transferiert, wenn die Leute zurückgehen. Den Anspruch auf Arbeitslosengeld, den sie in der Schweiz erwerben, können sie aufgrund des Freizügigkeitsabkommens in der gesamten EU geltend machen."

„Es wird gnadenlos nach Stunden bezahlt"

F: „Woher kommt Ihr deutsches Personal? Wie rekrutieren Sie die Fachkräfte?"

A: „Da die Nachfrage nicht weniger wird, suchen wir mittlerweile offensiv, veranstalten Jobbörsen in den Großstädten, wie z. B. in Hamburg oder Rostock. Die Leute bewerben sich zunehmend nicht nur aus der Arbeitslosigkeit heraus bei uns, viele kommen aus festen Anstellungen in Deutschland, da sie einfach zu wenig verdienen. Der überwiegende Teil hat Familie in Deutschland. Ich habe auch schon Leute kennen gelernt, die bisher in Dänemark und in den Niederlanden gearbeitet haben, dort aber nicht mehr hin wollten, weil die Firmen nicht oder schlecht gezahlt haben. ‚Dann könnten wir auch in Deutschland bleiben!' war deren Kommentar."

F: „Kann das in der Schweiz nicht passieren?"

A: „Es ist tatsächlich eher schwer, dort an eine schlechte Temporär-Firma zu geraten. Wir sind Mitglied der SWISSSTAFFING, dem Verband der Personaldienstleister in der Schweiz. Die dort angeschlossenen Unternehmen haben sich verpflichtet, neben den geltenden Tarifvereinbarungen, die es für viele Berufe gibt, auch für die nicht tariflich erfassten Berufe einheitliche Mindestlöhne als Selbstverpflichtung zu zahlen und das aus ganz praktischen Gründen. Wenn man keine geregelten Löhne hat, gibt es immer Abwanderungen, je nachdem, wer gerade am meisten zahlt. Zahlt man selbst zu wenig, kann es sein, dass man gegen Bestimmungen verstößt und man muss dann im schlimmsten Fall bis zu fünf Jahre nachzahlen. Das passiert in der Schweiz ganz schnell, ohne langes Gerichtsverfahren. Es gibt dafür eigene Inkassofirmen. Es wäre also schlichtweg dumm von den Firmen, ihre Leute ausbeuten zu wollen."

„Maurer ist nicht gleich Maurer!"

F: „Müssen Sie bei den Arbeitgebern Überzeugungsarbeit für deutsche Fachkräfte leisten oder fragen die Auftraggeber gezielt Deutsche nach?"

A: „In der Zeit, als das Freizügigkeitsabkommen noch nicht galt, war es tatsächlich so, dass Überzeugungsarbeit geleistet werden musste. Doch bald hatten auch unsere Mitbewerber gesehen, dass es mit den Deutschen ganz gut funktioniert. Mittlerweile ist es zunächst egal, ob einer Schweizer, Deutscher oder Österreicher ist. Es kommt darauf an, welches Gewerk besetzt werden soll. Es gibt Berufsgruppen, bei denen der Kunde die Nationalität vorgibt. Wir haben Kunden, die möchten zum Einschalen nur Portugiesen. Deutsche haben einen erstklassigen Ruf als Fliesenleger. Das klingt nach Klischee, lässt sich aber nachvollziehen. Wenn eine Firma mit bestimmten Nationalitäten gewachsen ist, dann weiß man dort, dass es so funktioniert. Dadurch schließt man auch Mobbing gegen den vielleicht einzigen Mitarbeiter einer anderen Nationalität aus. Es kommt vor, dass jemand nach einem Tag vom Kunden zurückgeschickt wird und es heißt, er tauge nichts. Oft ist es dann aber nicht die fehlende Qualifikation, sondern die falsche Nationalität, aufgrund derer der Mann dort einfach nicht reingepasst hat."

F: „Wie steht es mit Unterschieden in der Qualifikation?"

A: „Die Unterschiede in der Ausbildung sind teilweise hoch. Da ist Maurer nicht gleich Maurer. In Deutschland wird sehr vielseitig ausgebildet und man hat auch ganz andere Steine als in der Schweiz, die sind viel größer. In der Schweiz wiederum haben sie kleinformatige Steine und es wird im Akkord gemauert. Ein Maurer und ein Handlanger, der ihm die Steine vorlegt, wie in den 60ern in Deutschland vielleicht. Damit kommt oftmals ein deutscher Maurer heute gar nicht mehr klar. Es gibt aber dennoch eine Anzahl an Tätigkeiten als Baufacharbeiter, die in beiden Ländern identisch sind."

F: „Also beste Aussichten für Deutsche Handwerker in der Schweiz?"

A: „Unterbrechungen gibt es immer mal und das auch in der Schweiz. Jedes Jahr ist anders. Ob mit oder ohne Wirtschaftskrise. Zur EM 2008 hat der Staat eine Reihe von Baustellenstopps angeordnet, Straßen durften nicht mehr gebaut, Gerüste nicht mehr gestellt werden. Das zog natürlich einen ablauftechnischen Rattenschwanz nach sich, eine Kettenreaktion, die man vorher nicht absehen konnte. Im Jahr zuvor hatten wir viele Überschwemmungen im Raum Luzern, da war von heute auf morgen nichts mehr machbar, da konnten wir keine Leute mehr einsetzen, die mussten wir dann nach Hause schicken. Das passiert immer mal."

Besser einmal mehr nachfragen

Die Geschwindigkeit, mit der Carsten Jacobs zu seinem Job gekommen ist, ist für die Schweiz nicht untypisch. Er hat sich spontan per Email beworben. Keine zwei Stunden später rief sein künftiger Chef zurück und man vereinbarte einen Vorstellungstermin für das nächste Wochenende. Ein paar Tage später trat Jacobs seine neue Stelle in der Schweiz an. Heute kann der stellvertretende Geschäftsführer eines Recyclingunternehmens aus eigener Erfahrung einen Einblick hinter die Kulissen des Schweizer Job-Karussells geben. „Ich habe bisher einige Vorstellungsgespräche begleitet und eine Menge Bewerbungen auf dem Tisch gehabt. Da gibt es schon große Unterschiede. Wo die Deutschen klar, eindeutig und sehr detailliert auf ihre Qualifikationen hinweisen, da lassen Schweizer schon mal diese unter den Tisch fallen, auch wenn sie sie haben. Dinge wie Sprachkurse oder andere Softskills muss man schon nachfragen. Vielleicht führt gerade auch das dazu, dass Deutsche es auf dem Schweizer Arbeitsmarkt nicht schwer haben."

Doch abgesehen von der sauberen Bewerbung – so wirklich vorbereitet kam auch Jacobs nicht in die Schweiz. „Ich habe meine Sachen gepackt und bin mit 1.500,- € in der Tasche umgesiedelt. Die Firma und die Mitbewohner der Wohngemeinschaft, in der ich ein Zimmer nahm, haben mir bei allen Angelegenheiten sehr geholfen. Bank, Krankenkasse, Behörden, alles hat reibungslos geklappt. Ich hatte ja auch nicht wirklich Zeit, mich ausreichend zu wappnen. Das Internet war nicht hilfreich. Für mich habe ich nur veraltete Infos oder Fehlinformationen gefunden. Auch einen guten Bericht von Auswanderern habe ich vergebens gesucht." So hat schließlich erst der Anstoß des deutschen Mitbewohners in der Schweiz-WG dazu geführt, dass der ausgebildete SAP-Berater einen Zuschuss vom deutschen Arbeitsamt bekam. „Aussicht auf finanzielle Hilfe gab es bei der ersten Nachfrage zunächst gar nicht. Schließlich hat das Arbeitsamt dann doch einen Extrabonus rausgetan. Doch diese Geschichte würde hier einige Seiten füllen", so der 28-Jährige.

Informationsaustausch bereichert noch immer Carsten Jacobs Alltag: „Ich bin in unserem Unternehmen der einzige Deutsche. Alle anderen Mitarbeiter sind türkischer Abstammung. Das ist schon sehr interessant, wenn zwei Kulturen in einer Dritten zusammentreffen. Wir sprechen oft über Integration. Meine türkischen Kollegen mit der Aufenthaltbewilligung C sind da ja schon weiter als ich mit meiner B-Berechtigung. Es gibt im Betrieb keinen Schweizer Angestellten, dafür aber viele Schweizer in der Kundschaft, mit denen ich direkt zu tun habe. Dort habe ich anfangs schon die Distanz mir gegenüber gespürt, doch nach einem drei viertel Jahr war ich akzeptiert. Irgendwann legte sich da einfach ein Schalter um. Mittlerweile treffe ich einzelne Kunden auch privat. Ich glaube aber, wenn ich einen Leipziger Dialekt oder Schwabendeutsch sprechen würde, wäre das nicht so einfach", vermutet der Mann aus dem Ruhrgebiet – denn: „Wer mit der Einstellung kommt, Schwyzerdeutsch sei auch nur ein weiterer deutscher Dialekt, der kommt mit der falschen Einstellung."

Auf Arbeitssuche

Michaela Schmidt ist eine von vielen Deutschen, die den Weg in die Schweiz nicht aus materiellen, sondern aus privaten Gründen gewählt hat. „Im Juli 2004 habe ich meinen jetzigen Mann, einen Schweizer, kennen gelernt. Nach einer langen Wochenendbeziehung wollten wir natürlich irgendwann zusammenziehen. Es war für uns auch klar, dass ich meinem Freund dabei in die Schweiz folgen würde", berichtet die damals 28-Jährige. Als Verwaltungsangestellte war sie bis dahin beim Standesamt der Gemeinde St. Georgen im Schwarzwald beschäftigt. „Da ich mich sowieso verändern wollte, fiel der Entschluss nicht schwer, in der Schweiz einen neuen Job zu suchen."

Seit Herbst 2005 hat sich Frau Schmidt von Deutschland aus in Bern und Umgebung in allen passenden Bereichen beworben. Das Internet stand ihr dabei zur Verfügung, ebenso wie die Berner Zeitungen, die regelmäßig von der Familie des Freundes vor Ort durchforstet wurden. Doch das passende Stellenangebot blieb zunächst aus.

„Im Juli 2007 bin ich ohne Job nach Bern gezogen. Von hier aus ging es dann wesentlich leichter. Nach drei Monaten hatte ich wieder Arbeit. Und das, obwohl ich nicht auf anderen Wegen gesucht hatte als zuvor von Deutschland aus."

In den ersten drei Monaten ohne Anstellung war die RAV für Schmidt zuständig. Die RAV des Kantons Bern ist die regionale Arbeitsvermittlungsbehörde, die es unter verschiedenen Namen in jedem Schweizer Kanton gibt. „An meinem ersten Tag in Bern musste ich mich bei der RAV anmelden. Das war nicht anders als in Deutschland. Man muss sich selber um Jobangebote kümmern. Zu meinen Auflagen gehörte es, jeden Monat zwölf Bewerbungen nachweisen zu können. Das war auch die Grundlage für den Bezug von Arbeitslosengeld, das ich für die ersten drei Monate als Leistung aus Deutschland bekam. Hätte ich in dieser Zeit nichts gefunden, wäre danach auch mit der Unterstützung Schluss gewesen", berichtet die Verwaltungsangestellte von ihren Erfahrungen mit grenzübergreifender Bürokratie.

Heute arbeitet sie als Sekretariatsmitarbeiterin bei einer Wirtschaftsförderungsorganisation und findet es noch immer bemerkenswert, in Bern innerhalb von drei Monaten einen Job bekommen zu haben. Im Schwarzwald hätte es wohl länger dauern können.

Auch im Alltag hat sich für die mittlerweile Verheiratete einiges verändert: „Mein soziales Umfeld besteht bis auf eine Person, die ebenfalls von Deutschland in die Schweiz gegangen ist, vollständig aus Schweizern. Anfangs habe ich versucht, den Berner Dialekt verstehen zu lernen, indem ich oft Schweizer Fernsehen geschaut habe. Und natürlich habe ich meinen Mann und seine Familie gebeten, nur Berndeutsch mit mir zu reden. Mittlerweile verstehe ich fast alles. Aber ich glaube, dass ich den Dialekt selber nie richtig sprechen werde." Die Menschen begegnen ihr dennoch offen und freundlich: „Bemerkenswert beim Einkaufen oder in Gaststätten ist, dass sie meist die Sprache auf Hochdeutsch umstellen, wenn sie merken, dass ich keine Einheimische bin. So ist die Aufmerksamkeit hier. Von antideutscher Stimmung merke ich nichts. Ich denke derzeit auch nicht darüber nach, irgendwann mal nach Deutschland zurückgehen. Im Gegenteil, auch wenn ich meine Wurzeln immer dort haben werde, möchte ich 2012 die doppelte Staatsbürgerschaft beantragen."

Jobsuche in der Schweiz – Arbeitslosengeld aus Deutschland?

Ja, das funktioniert. Mit dem Recht auf Freizügigkeit für EU-Bürger in der Schweiz ist sowohl die Arbeitsaufnahme als auch die Arbeitssuche ohne weitere Formalitäten möglich. Man kann also zur Arbeitssuche in die Schweiz einreisen, sich dort aufhalten und schließlich einen Arbeitsvertrag unterschreiben, ohne vorher irgendeine Behörde um Erlaubnis gefragt zu haben. In Deutschland abmelden und in der Schweiz wieder anmelden muss man sich jedoch schon.

Denn: Wenn die Arbeitsämter auch das Recht der Freizügigkeit bestätigen – sobald es um die Arbeitslosenunterstützung geht, werden sie gerne etwas zögerlich. Deshalb die klare Antwort: Auch bei der Arbeitssuche im EU-Ausland besteht der Anspruch auf Zahlung der Arbeitslosenunterstützung weiter. Eine gute Anlaufstelle für Informationen ist hier z. B. EURES.

Um nicht den Verlust von Leistungsansprüchen zu riskieren, sollte man sich allerdings genau an die Spielregeln halten, die die europäische Verordnung „zur Anwendung der Systeme der sozialen Sicherheit" vorgibt. Erste Bedingung ist der Ablauf einer Wartefrist: So muss man in der Regel vor der Abreise bei einem deutschen Arbeitsamt wenigstens vier Wochen als Arbeitssuchender gemeldet gewesen sein. Erst dann ist der Weg ins Ausland tatsächlich offen.

Der nächste Schritt ist die Abmeldung bei Ihrem Arbeitsamt. Dort erhalten Sie das Formular E 303, das bei der RAV des Kantons in der Schweiz vorgelegt werden muss, in dem Sie Arbeit suchen. Diese Anmeldung muss unverzüglich bei der Einreise erfolgen, am besten noch am selben oder am nächsten Werktag. Andernfalls setzt man die komplette Unterstützung aufs Spiel. Während der Arbeitssuche müssen alle in der Schweiz üblichen Melde- und Kontrollanforderungen eingehalten werden. Kurz: Man muss nachweisbar dem dortigen Arbeitsmarkt „zur Verfügung stehen".

Wenn dann alles seine Ordnung hat, zahlt das Arbeitsamt am Ort die Arbeitslosenunterstützung aus Deutschland aus. Deren Höhe hängt vom Arbeitslosengeldanspruch in Deutschland ab. In der Regel wird es der gleiche Satz sein, den man auch in Deutschland erhalten hätte. Die RAV ist allerdings nur die Zahlstelle, der Rechtsanspruch besteht weiter gegen die deutsche Arbeitsagentur.

Die Möglichkeit der Arbeitssuche für Deutsche im EU-Ausland und in der Schweiz besteht in einer Periode der Arbeitslosigkeit – also zwischen zwei Beschäftigungszeiten – nur einmal. Die Arbeitsuche im Ausland darf dabei höchstens drei Monate dauern. Die Arbeitsämter achten darauf, dass diese Frist eingehalten wird, eine Verlängerung ist in der Regel nicht möglich. Und Achtung: Wer sich nicht vor Ablauf dieser drei Monate bei seinem Heimatarbeitsamt zurückmeldet, wenn er bis dahin keine Stelle gefunden hat, der verliert alle künftigen Leistungsansprüche!

Grandiose Aussicht

„Meine Intention, in die Schweiz zu gehen, war relativ einfach und lässt sich mit ‚die Schnauze voll haben' am treffendsten auf den Punkt bringen", antwortet Heiko Blumentritt ohne Umschweife auf die Frage nach seinen Gründen, Deutschland zu verlassen. Der Rahmen, den er zum Leben dort vorgegeben fand, war ihm einfach zu klein. Der leitende Angestellte fasste gemeinsam mit seiner Ehefrau den Entschluss: Wir verlassen Deutschland.

Nach der mentalen Absage an eine Zukunft in Südhessen reifte der konkrete Plan relativ schnell. Seine erste Tätigkeit in der Schweiz wurde über einen Headhunter vermittelt. „Der Personalvermittler hat sich wirklich vorbildlich um meine Belange gekümmert. Auch nach der Jobvermittlung hat er mich weiter unterstützt und noch heute stehen wir in Kontakt. Die Vermittlung durch Headhunter ist hier weiter verbreitet als in Deutschland, nicht nur für Kaderpositionen, auch für die untere Ebene, wie ich bei meiner Frau als Technische Zeichnerin erleben konnte."

Im Dezember 2007 waren die neuen Jobs unter Dach und Fach. Sechs Monate Kündigungsfrist ließen den Blumentritts nun genügend Zeit zur Wohnungssuche am neuen Ort, dem Dörfchen Balgach im Kanton St. Gallen. „Gleich die zweite Wohnung war ein Treffer. Der Mietvertrag wurde für Mai fixiert", erinnert sich der Deutsche. „Der Makler sagte uns die Wohnung per Handschlag zu, was hier genauso verbindlich ist wie ein schriftlicher Vertrag."

Mit seinem Arbeitsantritt lernte der Diplom-Ingenieur dann ein anderes Arbeitsklima kennen: „Man merkt einfach, dass dem Arbeitgeber der Wert seiner Mitarbeiter klar ist, dementsprechend verhält er sich auch, das stellt man durch viele Kleinigkeiten im täglichen Arbeitsleben fest.

Die meist auf Kompromisse ausgerichtete Art fällt von Beginn an auf: Es wird nie direkt gesagt, wenn etwas stört, immer wird eine Lösung gesucht und nicht auch mal auf den Tisch gehauen, das kann manchmal schon ‚anstrengend' sein ...", so der 35-Jährige.

Doch dieses Fingerspitzengefühl seines Arbeitsumfeldes hat auch auf Heiko Blumentritt abgefärbt. Das Ergebnis: „Ich hatte bis jetzt keine Schwierigkeiten mit den Schweizern in meinem Umfeld. Man muss einfach auf die Kleinigkeiten achten und nicht mit der Tür in Haus fallen. Auch kann es den Umgang massiv erleichtern, wenn man den Leuten vermittelt, dass man Schwizerdütsch versteht und ihnen anbietet, dass sie weiter Dialekt reden können. Für mich ist der Weg in die Schweiz auf jeden Fall ein One-Way-Ticket. Allein schon die Landschaft ist einfach traumhaft, wenn man den Sinn dafür hat. Wir wohnen im Rheintal und meine Arbeitsstelle liegt im Appenzeller Land auf 900 Metern Höhe. Der Weg von der Arbeit ist da schon die erste Erholung: Wenn sich der Blick vom Berg über das Tal öffnet, das ist grandios, da fängt der Feierabend schon auf dem Heimweg an!"

Gott hat keine Grenze gezogen

Iris Pasternack hatte sich mit einer kleinen Research-Firma in Hamburg, ihrer Heimatstadt, erfolgreich selbständig gemacht. „Elbstrand, steife Brise, frischer Fisch und tutende Schiffe – da zieht man als ausgewiesenes Nordlicht normalerweise nicht freiwillig weg!", erinnert sich die alleinerziehende Mutter. „Auch meine beiden Töchter waren hier fest verwurzelt. Wir hatten gerade eine neue, schicke Wohnung bezogen, meine Firma brummte, ich hatte viele Kunden im norddeutschen Raum. Wieso sollte ich daran etwas ändern?" Als aber 2005 die ersten Kundenanfragen aus der Schweiz kamen, sollte das der Anfang einer kompletten Veränderung werden. „Es folgten einige Geschäftsreisen in die Schweiz und auch private Besuche bei einer Schweizer Freundin. Während dieser Aufenthalte lernte ich einen Schweizer kennen. Wir unternahmen Ausflüge in die einzelnen Kantone, denn es ist ja alles nah beieinander." So lernte die Hamburgerin Graubünden kennen, das Tessin, Appenzell, Luzern, natürlich Zürich und irgendwann auch Winterthur. „Die Stadt hat mich von Anfang an verzaubert! Eine Altstadt wie im Bilderbuch mit vielen Straßencafés, mittelalterlichen Gassen, in denen auch gewohnt wird, Straßenbrunnen, romantischen Parks, kleinen Geschäften, kurz: eine Stadt für Geist und Seele." Iris Pasternack begann, über einen Wechsel in die Schweiz nachzudenken. Und fand immer mehr Pro-Argumente: „Da war Winterthur, es gab immer mehr Kundenanfragen aus der Schweiz, die steuerlichen Vorteile einer Schweizer Firma, das gute Schulsystem, niedrige Krankenkassenbeiträge, hohe Lebensqualität bei gleichzeitig sehr ausgeprägtem Umwelt- und Sozialbewusstsein, das politische System mit seinen vielen Volksabstimmungen, und natürlich mein neuer Schweizer Freund … Kopf, Herz und Verstand sagten: ‚Nutze Deine Chance!‘"

Im Mai 2008 gründete sie mit ihrem neuen Partner die eigene GmbH in der Schweiz. „Als Erstgründer war es nicht einfach für uns, die Vielzahl der arbeitsrechtlichen Bestimmungen und Bedingungen zu beachten. Für mich als Deutsche kamen noch ein paar Formalitäten hinzu. Für das Personalvermittlungsgeschäft bedarf es hier noch weiterer Qualifikationen und Bewilligungen und es fielen natürlich erhebliche Kosten für Gebühren, Anwalt und Notar an."

Heute, so sind sich beide Gründer sicher, würden sie das alles einem Gründungsdienstleister übergeben. „Das spart Geld, Zeit und Nerven und man kann sich weiterhin dem Tagesgeschäft widmen!", empfiehlt die Geschäftsfrau.

Ihre Firma ist spezialisiert auf die Identifikation und Direktansprache von Führungskräften und Spezialisten. Die Aufträge sind reichlich, das Portfolio umfangreich. Doch nicht nur der wirtschaftliche Erfolg musste sich erst einmal einpendeln. „Meine sehr konkrete Art zu kommunizieren kam hier zu Anfang gar nicht so gut an, zumal ich auch noch ständig direkt nachfragte, wenn ich als Norddeutsche das Schwizerdütsch mal wieder nicht verstand. Die Schweizer fühlten sich da schnell überrumpelt und mein trockener Humor machte es wirklich nicht besser. Man muss sich hier schon sehr genau überlegen, wie man was äußert, ohne damit sein Gegenüber zu brüskieren. In Deutschland war das nie mein Problem, es gab ja diese Sprachbarrieren nicht – hier schon. Und wenn ich heute über die Euphorie nachdenke, mit der ich in der Schweiz ankam – ich wollte die Dinge mit Tempo 180 in Angriff nehmen und musste mich erst mal auf 100 runterbringen – ein ziemlicher Bremsweg. Ich hatte nicht damit gerechnet, mit meiner pragmatischen Art und dem ‚geschliffenen Deutsch' bei meinen Gesprächspartnern am Telefon anzuecken."

Die Hamburgerin resümiert: „Der Schweizer braucht Vertrautheit, und die ist nicht gegeben, wenn er den Hörer abnimmt und zackiges Hochdeutsch hört. Mit der Zeit habe ich gelernt, die ersten Minuten eines Telefonats zu nutzen, um erst mal eine Atmosphäre herzustellen. In Deutschland denkt niemand über so etwas nach." Die Vorzüge der aus deutscher Sicht vielleicht eher mediterranen Lebensweise hat Iris Pasternack mittlerweile ebenfalls erkannt. „Die Schweizer leben definitiv gesünder. Sie teilen sich den Tag anders ein, mit ein wenig mehr Muße. Trotzdem arbeiten sie genauso viel wie alle anderen. Man muss hier keine Geschäfte übers Knie brechen. Man muss nicht durch den Alltag jagen, um erfolgreich zu sein, auch nicht als Headhunter. Hier kann man niemandem durch Augenringe und schlaflose Nächte beweisen, dass man etwas leistet. Aber einfach ist diese Erkenntnis nicht. Ich ertappe mich auch nach eineinhalb Jahren noch immer dabei, dass ich angefressen auf eine Mail, Post oder einen Anruf warte und innerlich die Wände hochgehe – auch wenn ich weiß, dass dadurch überhaupt nichts schneller passiert."

Mittlerweile ist Iris Pasternack in der Schweiz angekommen, hat die Antennen sensibilisiert für das neue Land. „Wir haben außer der Büroeinrichtung wirklich alles in Hamburg gelassen, nur die Katze kam mit. Das war rückblickend eine echte Bereicherung, denn dadurch entstand eine mentale Distanz zu Deutschland, mit der ich vielleicht ermessen kann, wie man sich dort als Ausländer fühlen würde. Auch in der Schweiz gibt es Ausländerfeindlichkeit, wie in jedem Land. Mir begegnen die meisten Schweizer außerordentlich nett und freundlich. Und wir sehen ja auch nicht unterschiedlich aus. Man kann wohl überall zuhause sein, wenn man sich nicht irritieren lässt. Unsere Sprache, nun, was sollen wir machen, es ist uns so angeboren. Man kann von der Sprachmelodie nicht auf menschliche Eigenschaften schließen. Schweizer sind auch nicht alle niedlich, nur weil ihre Sprache so klingt. Ich bin empfänglicher geworden für Beobachtungen und Stimmungen, wenn es um Ablehnung, aber auch Annäherung zwischen Menschen verschiedener Herkunft geht. Wie wirke ich auf Schweizer? Ist mein Verhalten typisch deutsch? Was ist überhaupt typisch deutsch – und was typisch Schweizerisch? Gott hat jedenfalls keine Landesgrenzen gezogen!"

Auf eigenen Beinen in der Schweiz

EU-Bürger haben mit Einführung der Personenfreizügigkeit ein uneinge-
schränktes Recht, in der Schweiz auf eigene Rechnung und auf eigenes
Risiko einer Erwerbstätigkeit nachzugehen, also als Selbständiger zu arbeiten, eine Firma zu gründen, Handel und Dienstleistung zu betreiben
und Arbeitnehmer zu beschäftigen. Einschränkungen gelten lediglich bei
der Anerkennung von Diplomen für die gesetzlich reglementierten Berufe wie Arzt, Architekt, Anwalt etc.
Sie haben das Recht auf volle geografische und berufliche Mobilität, d.
h. Sie können Ihren Standort und Ihr Angebot frei wählen und natürlich
auch zu einer unselbständigen Tätigkeit übergehen.
   Sie benötigen für den Start einer selbständigen Tätigkeit in der
Schweiz nicht gleich die C-Bewilligung. Für die so genannte Einrichtungszeit erhalten sie bei der Gemeinde, in der Sie Ihr Gewerbe beginnen
möchten, eine befristete Aufenthaltsbewilligung von sechs Monaten. In
begründeten Fällen kann diese Aufenthaltsbewilligung auf acht Monate
ausgedehnt werden.

Als Selbständiger müssen Sie sich obligatorisch in der Alters- und Hinterlassenenversicherung, der Invalidenversicherung und der Erwerbsersatzordnung versichern und Beiträge zahlen.

Nach Ablauf dieser Zeit müssen Sie die wirtschaftlich selbständige Geschäftstätigkeit belegen. Dies können Sie auf verschiedenste Weisen erledigen. Als Belege gelten so beispielsweise Ihre Mehrwertsteuernummer, Ihre Buchführung, die Sozialversicherungsnummer für Selbständige, der Eintrag in ein Berufsregister, sowie Gründungsunterlagen von Unternehmen und natürlich Einträge ins Handelsregister. Aufgrund dieser Nachweise erhalten Sie zunächst für fünf Jahre die Aufenthaltsbewilligung B.

Sollten Sie die Selbständigkeit innerhalb der Einrichtungszeit beenden und zu einer unselbständigen Tätigkeit wechseln, so wird ihnen je nach Dauer des Arbeitsverhältnisses eine Kurzaufenthaltsbewilligung oder ebenfalls die Aufenthaltsbewilligung B für fünf Jahre erteilt. Wer innerhalb der Einrichtungszeit die Selbständigkeit aufgibt und sich arbeitslos meldet, kann weitere sechs Monate in der Schweiz bleiben, um sich neu zu orientieren, sei es bei einer neuen Selbständigkeit oder der Arbeitsplatzsuche. Allerdings verliert das Aufenthaltsrecht, wer von der Schweizer Fürsorge abhängig wird, weil er z. B. keine Ansprüche an die deutsche Arbeitslosenversicherung mehr hat oder wenn Rücklagen aufgebraucht sind.

Nach Ablauf einer durchgängigen Aufenthaltsdauer von fünf Jahren können Sie die unbefristete Niederlassungsbewilligung C erhalten. Auch als Grenzgänger, wenn Sie weiterhin in Deutschland wohnen, können Sie in der Schweiz eine selbständige Erwerbstätigkeit gründen. Hier gilt ebenfalls die Nachweisregelung im Anschluss an die Einrichtungsphase. Auch Grenzgänger bekommen dann die Aufenthaltsbewilligung B.

Grundsätzlich sind Sie in der Wahl der Rechtsform Ihres Unternehmens frei. In der Schweiz bestehen neben etwa 75.000 Gesellschaften mit beschränkter Haftung und etwa 175.000 Aktiengesellschaften rund 150.000 Einzelfirmen neben ca. 3.000 Kommandit- und 15.000 Kollektivgesellschaften.

Winterthur **bei Zürich**

Hohe
Lebensqualität

Dynamischer
Wirtschaftsstandort

Attraktiver
Arbeitsort

Vielfältige
Freizeitangebote

www.standort-winterthur.ch

...winterthur...

STANDORTFÖRDERUNG
REGION WINTERTHUR

Von der Ostsee ins Tessin

Es muss nicht der Schweizer Norden sein, wenn man als Deutscher erfolgreich in die Schweiz umsiedeln möchte. Maike Joana Kruse ist 2006 mit vierköpfiger Familie und der eigenen Firma von der Ostseeküste ins Tessin gegangen. Die Geschäftsführerin einer Internet-Marketing-Agentur erfüllte sich damit einen Traum. Doch eigentlich war das eher Zufall. „Ich hatte vor einigen Jahren für eine Weile am Gardasee in Italien gelebt. Damals musste ich aus beruflichen Gründen wieder nach Deutschland zurückkehren. Die Sehnsucht nach Italien hat mich jedoch nicht verlassen. Eines Tages meldete sich unverhofft die Wirtschaftsförderung des Appenzeller Landes bei mir. Sie hatten von einer befreundeten Agentur gehört, dass ich mit dem Gedanken spielte, meine Firma in den Süden zu verlegen. Die Wirtschaftsförderer wollten wissen, ob sie mir dabei helfen könnten. Verblüfft sagte ich, mehr aus Spaß, dass mir das Appenzeller Land nicht so sehr gefalle, ich mir aber vorstellen könne, ins Tessin zu gehen." Die 36-Jährige kannte das Tessin bis dato gar nicht. Sie wusste nur, dass es Norditalien irgendwie ähnelt. „Es war meinerseits eher ein freundliches Abwimmeln der Anrufer aus Appenzell, doch die verabschiedeten sich mit dem Versprechen, die Sache mit dem Tessin mal weiterzuleiten." Es dauerte nur einen Tag, bis sich erneut eine Schweizer Wirtschaftsförderung meldete. Diesmal aus Bellinzona im Tessin. „Ich wurde eingeladen zu einem Beratungsgespräch. Ich habe mir damals gedacht, o. k. – wenn sich die Türen fast von selbst öffnen, dann soll es wohl Schicksal sein." Ganz so einfach wurde es dann aber doch nicht, denn die Deutsche hatte viel Gepäck: Die eigene Firma und natürlich die Familie mussten mit. Da sollte es schon ein eigenes Haus im Tessin sein. „Das ging mit der damaligen L-Bewilligung für Ausländer nicht. Die war zwar einfach zu haben, aber auf ein Jahr befristet und reichte nicht aus, um ein Haus kaufen zu dürfen oder eine Firma zu gründen. Die für so etwas notwendige B-Genehmigung war dagegen gar nicht leicht zu bekommen, es gab begrenzte Kontingente und das Kontingent im Tessin war zu dem Zeitpunkt bereits gut ausgeschöpft." Die Geschäftsfrau bekam sie dennoch – nach einem längeren Kampf mit Ausländerbehörden, Anwälten und Notaren. „Ich habe x-tausend Franken gelassen, aber ich habe es geschafft. Heute, mit der EU-Freizügigkeit, wäre das alles kein Problem mehr." Verscio, ein kleines Dorf in der Nähe von Locarno, ist seither die neue Heimat der Norddeutschen. „Sieben Monate habe ich nach einem Haus gesucht. Das war der wichtigste Teil des Plans, denn ich wollte von Anfang an ein richtiges Zuhause und keinesfalls ein Provisorium. Hätte ich nichts Passendes gefunden, hätte ich die ganze Auswanderung abgesagt", da ist sich Kruse sicher. Immer wieder ist sie für einige Tage ins Tessin gefahren, um Besichtigungstouren zu machen, und hatte so Kontakt mit vielen Maklern vor Ort. Damals war der Immobilienmarkt stabil, was immer gut für Verkäufer ist. „Die Preise sind sehr hoch in der Schweiz. Bei uns in der Gegend muss man schon eine Million Franken rechnen für ein Haus mit fünf Zimmern. Das war ich von Norddeutschland natürlich nicht gewöhnt, wo es schöne Häuser schon für 150.000 Euro gibt. Auf der anderen Seite ist die Finanzierung hier das kleinere Problem, sofern man einigermaßen verdient. Meine Finanzierungsanfrage hat nur wenige Minuten gedauert, und ich bekam sehr gute Konditionen. Auch die Grundbucheintragung dauerte nur eine Woche. In Deutschland wartet man darauf schon mal ein Jahr. Und die Maklergebühren muss man nicht zum Kaufpreis hinzurechnen, denn die zahlt in der Schweiz der Verkäufer." Dann ging es mit Kind und Kegel in den Süden. Joana Kruse ist Mutter von zwei Kindern. Ihre dreijährige Tochter hat in der neuen Heimat sofort einen Kindergartenplatz bekommen: „Ganztags, davon hätte ich in Deutschland nur träumen können. Dort hätte sie erst mit vier Jahren einen Platz bekommen, und natürlich nur einen halben", weiß die Berufstätige. Und auch für den 12-jährigen Sohn hatte das Übersiedeln Vorteile. „Er war in Deutschland nicht glücklich auf dem Gymnasium. Er ist nicht schlecht in der Schule, aber er kam mit dem Schulsystem und der Einstellung der Lehrer nicht zurecht. Der große Unterschied ist, dass es hier mehr Regeln gibt als in Deutschland. Es ist strenger hier, aber alles mit mehr Herz, so dass sich die Kinder angenommener fühlen. Vielleicht liegt es auch daran, dass die Schulen Ganztagsschulen sind." Joana Kruse betreibt eine Agentur für Internet-Marketing. Große deutsche Autobauer gehören ebenso zum Kundenkreis wie Neckermann oder die Lufthansa. Der Standort ihrer Firma war für das Geschäft schon immer relativ unwichtig: „Wir brauchen nur Telefon und Internetzugang. Messen und Kundenbesuche finden natürlich persönlich statt. Da wir aber vorher auch nicht sehr zentral waren – wir hatten unseren Sitz nördlich von Lübeck –, ist für uns der Weg zum Kunden nach beispielsweise Frankfurt nun auch nicht weiter als vorher." Dennoch geht es ihrer Firma in der Schweiz besser als in Deutschland, so die Geschäftsfrau: „Es hat für mich auch steuerliche Entlastungen gebracht. Durch die entstandene größere Flexibilität sind Investitionen und Wachstum hier in der Schweiz eher möglich. Dagegen ging die Tendenz in Deutschland zum Schluss eher in Richtung Verkleinerung, da der finanzielle Spielraum sehr beschränkt war. Die vorweggenommene Besteuerung geschätzter zukünftiger Erträge beispielsweise, die zur Praxis deutscher Finanzbehörden gehört und gelegentlich weit über das Ziel hinausschießt, macht es wachsenden Kleinunternehmen wirklich nicht leicht."

Daraufhin hat die Deutsche sich nach Alternativen umgesehen, hat ihre Firma in Deutschland geschlossen und eine neue in der Schweiz aufgemacht. Ihre Kunden hat sie mitgenommen. Von den Steuern profitiert nun das Tessin. „Hier werden auch Steuern gezahlt, keine Frage. Und auch gar nicht so wenig, wie mancher Deutsche meinen mag. Aber sowohl als Privatperson wie auch als Unternehmen hat man hier mehr Spielraum. Dadurch kann man klug investieren und wachsen. Ich hatte in Deutschland drei Mitarbeiter, von denen zwei mitgekommen sind in die Schweiz. Die beiden sind noch immer hier, und mittlerweile sind weitere drei Mitarbeiter hinzugekommen." Und wie ist es so als deutsche Chefin in der italienischen Schweiz? „Mit meinen Schweizer Mitarbeitern ist es jeden Tag wieder spannend. Es ist nicht immer leicht – für beide Seiten, denn ein Schweizer Chef ist anders als ein deutscher Chef. Als Norddeutsche habe ich auch noch einen gewissen trockenen Humor mit viel Ironie und dazu eine gnadenlose Direktheit. Das ist dem Schweizer total fremd. Heute verpacke ich Kritik manchmal in zehn Sätze, die ich früher in einem Satz geübt hätte. Doch auch die Schweizer lernen, meinen Humor und meine Ironie einzuordnen. Sie können mittlerweile sogar darüber lachen." Aber auch die pünktliche Deutsche lernt von den Schweizern, besonders im Alltag: „Aus mir nicht ersichtlichen Gründen gibt es in der Schweiz einfach mehr Zeit. Die Uhren ticken wirklich anders und die Menschen haben mehr Zeit für Gespräche, für ein Miteinander. Als konkretes Beispiel: Morgens, auf dem Weg vom Kindergarten zum Büro, überquere ich die Piazza unseres Ortes. In der Bar dort trifft sich immer ein ganzer Pulk von Müttern zu Espresso und Palaver. Oft werde ich gefragt, ob ich nicht mitmachen möchte. Ich habe dazu leider fast nie Zeit (meine ich) und sage dann, dass meine Arbeit gleich anfängt. Total verständnislose Blicke aus 15 Augenpaaren sind die Folge. Mit so einer Begründung kommt man hier nicht weiter. Die zehn Minuten für einen Espresso hat jeder. Und eigentlich haben sie damit Recht. Mein deutsches Krampfen, auf die Minute pünktlich zu sein, ist unsinnig. Die Welt geht nicht unter, nur weil man zwischendurch ein paar Minuten in Gesellschaft verbringt. Der normale Deutsche bekommt sofort ein schlechtes Gewissen, wenn man ihn für ein paar Minuten beim Müßiggang erwischt. Der leicht hektische Blick, das gestresste Zucken der Gesichtsmuskeln, der rastlose Gang – das gehört in Deutschland zum erfolgreichen Menschen. Man kann von weitem sehen: ‚Seht her – ich bin gestresst, ergo bin ich erfolgreich!‘ Ich habe nicht das Gefühl, dass die Leute hier weniger arbeiten, aber sie tragen es nicht so vor sich her. Sie nehmen sich Zeit. Das ist ein Lernprozess für mich, den ich für sehr wichtig halte."

Schweizer Unternehmensformen

Für die Gründung eines Einzelunternehmens, wie beispielsweise einer Schreinerei, einer Firma für Poolreinigung oder eines Modegeschäfts wird kein Mindestkapital vorgeschrieben. Die Geschäftsführung liegt beim Inhaber, der mit seinem vollen Vermögen für das Unternehmen haftet. Die Firmenbezeichnung lautet auf den Namen des Inhabers, mit freiwilligen Zusätzen, wie etwa Heinz Meier Tischlerbetrieb. Ab einem jährlichen Umsatz im Inland von 75.000 SFr sind Sie als Einzelunternehmer in der Schweiz mehrwertsteuerpflichtig und vorsteuerabzugsberechtigt. Sie müssen sich bei der Eidgenössischen Steuerverwaltung anmelden und eine Mehrwertsteuernummer bestellen. Je nach Umsatzhöhe werden Sie wie in Deutschland zur monatlichen, vierteljährlichen oder jährlichen Abgabe der Steuererklärung verpflichtet. Innerhalb von 60 Tagen nach Ablauf der jeweiligen Steuerperiode sind die vereinnahmten Mehrwertsteuern abzuführen.

Als Selbständiger mit Wohnsitz in der Schweiz unterliegen Sie den Schweizerischen Sozialversicherungen. Sofern Sie Angestellte beschäftigen, sind Sie selbstverständlich verpflichtet, diese bei den Schweizer Sozialversicherungsbehörden zu melden. Das soziale Netz der Eidgenossen besteht aus Arbeitslosenversicherung, Unfallversicherung, Alters- und Hinterlassenenversicherung, Invalidenversicherung, Pensionskasse sowie Beiträgen zur Erwerbsersatzordnung. Ein Handelsregistereintrag ist nicht automatisch notwendig, aber freiwillig möglich. Die Selbständigkeit muss dem Handelsregister jedoch zumindest gemeldet werden.

Sollten Sie mit mehreren Partnern eine Firma in der Schweiz gründen, gäbe es zum einen die Rechtsform der Kollektivgesellschaft. Sie ist zu vergleichen mit der Deutschen GbR (Gesellschaft bürgerlichen Rechts). Im Prinzip gelten für die Kollektivgesellschaft dieselben Regeln wie für Einzelunternehmer. Alle Gesellschafter haften dabei mit ihrem Vermögen.

Eine andere Möglichkeit ist die Schweizerische Gesellschaft mit beschränkter Haftung. Sie ist ähnlich der deutschen GmbH. Das Mindestkapital und die Haftungsbeschränkung liegen allerdings bei nur 20.000 SFr und es ist lediglich ein Gründer notwendig. Die GmbH kann bei einem Schweizer Notar gegründet werden.

Neben diesen auch in Deutschland geläufigen Formen bestehen auch kleine und mittlere Unternehmen in der Schweiz häufig als Aktiengesellschaften. Bei der Gründung einer Schweizer AG müssen mindestens 50 % der Mindesteinlage von 100.000 SFr als Bar- oder Sachwerte hinterlegt werden. Die Gründung einer AG wird mit einem Eintrag ins Schweizer Handelsregister rechtskräftig.

Auktion
vom 4. bis 20. September 2009

Diesen Topf inklusive Pflanze
können Sie online ersteigern:
www.gartencity.ch/auktion

Der Schweizer Konjunktiv

Obwohl wir direkte Nachbarn sind, gibt es einige Unterschiede zwischen
Schweizern und Deutschen. Die gibt es auch zwischen Rheinländern und
Westfalen, ebenso wie zwischen Zürchern und Bernern. Doch es gibt
grundsätzliche Unterschiede im Miteinander von Schweizern verglichen
mit den Deutschen, die manchen Eidgenossen als laut, plump und unhöflich gelten. Hier zwei Ansätze, die dieses Bild vielleicht erklären.

Zum einen kann man auf einen ersten Blick quasi behaupten, der
Schweizer interagiert im Konjunktiv, während der Deutsche sich meist
im Indikativ bewegt. Der Deutsche „will", der Schweizer „würde".
Der Deutsche „kann", ein Schweizer „könnte", und wenn der Deutsche
„muss", dann „sollte" der Schweizer „eventuell". Dennoch meint er schon
das Gleiche.

Zum anderen fehlt Deutschen meist komplett das Verständnis für die
helvetischen Rituale im verbalen Alltagsmiteinander. Schweizer beenden
Sätze oft mit einem „oder?" – das ist keine dialektische Mutation ohne
Sinn, wie etwa das westfälische „nichwahr" – nein, das „oder?" ist ein
sehr wichtiger Platzhalter für: „Dies ist meine Meinung, aber sie ist nicht

absolut oder einzig richtig, es gibt viele andere, was wäre deine Meinung?" Diese Mitteilung ist dem Schweizer mindestens ebenso wichtig wie der Grund eines Gesprächs an sich. Denn der Schweizer legt allergrößten Wert auf Konsens. Nun ist eine solche Kommunikation dem gemeinen Teutonen vielleicht nicht total fremd, aber von Haus aus kommuniziert der eher im Stil eines Wettbewerbs um die (den Gesprächspartner) schlagenden Argumente.

Stellen Sie sich eine Firma vor, die ein neues Produkt herausgebracht hat, das sich am Markt absolut nicht behaupten kann und stetig Verluste produziert. Ein echter Flop. Es besteht dringend Handlungsbedarf, sonst ist die Firma als Ganzes gefährdet. Der Chef lädt die verantwortlichen Abteilungsleiter zum Meeting. Er möchte Lösungen. Ist der Chef ein Schweizer, dann würde er die Runde vielleicht so eröffnen: „Lieber Urs, lieber Reto, lieber Max, lieber Hermann, lieber Ueli, lieber Fred. (Das geht so lange, bis wirklich jeder im Raum persönlich begrüßt ist). Wir hatten ein Memo mit den aktuellen Kennzahlen zum Erfolg des neuen Produkts verteilt. Hattet ihr schon Zeit, es zu lesen?" Allgemeine Zustimmung. „Sehr schön. Ich weiß, wir haben alle momentan viel zu tun. Wie Ihr vielleicht schon wisst, haben wir die geplante Absatzmarke für das neue Produkt bisher noch nicht ganz erreicht. Hättet ihr eventuell Vorschläge oder Ideen, wie wir hier vielleicht etwas verbessern könnten?" Einer der Mitarbeiter ergreift das Wort. Vorher hat er in die Runde geschaut und sich vergewissert, dass kein anderer etwas sagen wollte, dem er dann natürlich den Vortritt gelassen hätte. Er erläutert seine Idee, in der es darum geht, dass man vielleicht die Werbeplanung noch einmal einer Prüfung unterziehen könnte und es eventuell Sinn ergeben würde, dann in Abstimmung mit dem Marketing und der Finanzabteilung vielleicht über ein anderes Budget hierfür nachzudenken. Als er ausgeredet hat, blickt der Chef in die Runde, ob weitere Meldungen kommen. Nach einer Sekunde der Stille ergreift er wieder das Wort. „Das klingt nach einem guten Ansatz, Ueli. Vielleicht könntest du das in die Hand nehmen und dich gemeinsam mit Marketing und Buchhaltung der Sache annehmen. Möchte noch jemand das Projekt unterstützen?", Blick in die Runde, Reto hebt die Hand. „Sehr schön. Ich kann mir gut vorstellen, dass wir zu einem für alle positiven Ergebnis kommen werden. Könnt ihr mir in ein paar Tagen eine erste Rückmeldungen geben?"

Der deutsche Mitarbeiter an diesem Tisch würde jetzt vielleicht denken: „Na, der ist ja ganz entspannt. Scheint wohl nicht so schlimm zu sein, dass das Absatzminus so groß ist. Mal sehen, ob uns noch was Brauchbares einfällt." Der Schweizer Kollege hingegen weiß ganz genau, dass von jedem Beteiligten jetzt 200 % erwartet werden, und zwar so schnell wie möglich, sonst sieht es böse aus für die Firma, denn der Chef hat gerade seine wichtigsten Mitarbeiter zusammengetrommelt und ihnen ein Ultimatum gestellt!

Wäre der Chef allerdings ein Deutscher, dann hätte er die Ansprache eher so gehalten: „Meine Herren, ich mache es kurz. Für die neue Produktlinie ist es fünf vor zwölf. Der Absatz entspricht absolut nicht den Vorgaben. Ich erwarte von Ihnen innerhalb einer Woche konkrete Vorschläge, wie wir das ändern. Andernfalls müssen wir das Produkt vom Markt nehmen. Was das dann für Sie bedeutet, können Sie sich denken. Und jetzt: An die Arbeit, Herrschaften."

Als Deutscher würde man sich nichts weiter dabei denken, wüsste allerdings, dass langsam was passieren muss. Ein Schweizer hingegen würde sich fühlen, als sei er gerade gefeuert worden, und vermutlich schon mal nach einem neuen Job suchen.

Auch die Rituale einer Kommunikation im Alltag können für unvorbereitete Deutsche die reinsten Tretminen werden. In der Schweiz ist selbst das Bestellen eines Kaffees nicht mit „Herr Ober, ich hätte gern einen Kaffee" abgetan. Deshalb können Deutsche in der Schweiz quasi mit jeder Frage, jeder Antwort oder so einfachen Handlungen wie dem Bestellen von Getränken jederzeit in unzählige Fallen laufen. Meistens würde sich ein Deutscher nur wundern, warum die gefühlte Höflichkeit des Gegenübers nach einem teutonischen Wortbeitrag merkbar nachlässt, käm aber gar nicht darauf, dass er mit einem einfachen und in der Heimat völlig üblichen „Drei Normale und die Zeitung" gerade die Bäckersfrau und die anderen Kunden davon in Kenntnis gesetzt hat, dass er erstens Deutscher und zweitens genauso unhöflich wie die anderen Deutschen auch ist.

Schweizer betreiben Kommunikation nicht nur als Mittel, um Handlungen zu erledigen oder Informationen auszutauschen. Es gibt in der Kommunikation von Schweizern fast immer einen Subtext, der rituell abgearbeitet wird. Dieser Subtext besteht aus einer Einleitung, einem Höflichkeitspart, dem informativen Hauptteil der Kommunikation und dem Abschluss des Gesprächs.

Am Kiosk im Zürcher Hauptbahnhof gibt es Zeitungen, Getränke und Tabakwaren. Während ein Verkaufsgespräch an einem Kiosk in Hannover mit den einfachen Sätzen „Ne Bild und zwei Luckys Filter, bitte" –

„9 Euro 80" – „Bitte" – „Danke" – „Tschüss" – „Tschüss" erledigt wäre, nimmt sich der Schweizer dafür wesentlich mehr Zeit und Aufmerksamkeit. Und das geht (der Verständlichkeit halber ins Deutsche übertragen) etwa so: „Grüezi" – „Grüezi, was darf es sein?" – „Haben Sie den Blick?" – „Ja, hier bitte!", kurze Pause, „Darf es sonst noch etwas sein?" – „Ja, gerne, haben Sie Luckys mit Filter?" – „Ja, wie viele möchten Sie?" – „Könnte ich zwei Schachteln haben?" – „Gerne, hier bitte, sonst noch etwas?" – „Nein, danke, das wäre alles" – „Das macht dann 15 Franken" – „Könnte ich Ihnen einen 50er geben?" – „Kein Problem, darf es eine Tüte sein?" – „Sehr freundlich, danke!" – „Dann noch ein schönes Wochenende!" – „Danke, Ihnen ebenfalls ein schönes Wochenende!" – „Danke, auf Wiedersehen!" – „Auf Wiedersehen!"

Sie sehen: Der Schweizer Kunde fällt niemals mit der Tür ins Haus. Nach der Begrüßung gibt er dem Gegenüber zunächst Gelegenheit, den Gruß zu erwidern. Er gibt dem Verkäufer die Chance, zu fragen, was der für ihn tun kann. Dann erkundigt er sich, ob der Zeitungsverkäufer auch tatsächlich die Zeitung hat, die er möchte – selbst wenn sie unübersehbar vor seiner Nase liegt. Und um den Verkäufer keinesfalls zu verwirren, wird jedes Teil seiner Wunschliste einzeln abgearbeitet. Immer schön der Reihe nach. Ist man komplett, wünscht man ihm noch einen schönen Tag, schönen Abend oder schönes Wochenende – natürlich nicht ohne dessen Erwiderung abzuwarten, bevor man sich verabschiedet. Und selbst wenn der Kunde seine Zeitung seit Jahren jeden Tag dort kauft, wird dieses Ritual genauso ablaufen.

Ob es den beiden wirklich daran gelegen ist, dass der Andere ein schönes Wochenende hat, muss man nicht so ernst nehmen. Darum geht es nicht. Es geht rein um das Ritual. Das, was hängen bleibt, ist ein freundlicheres Miteinander im Alltag, egal wie verregnet der Dienstagmorgen ist oder ob man mit dem falschen Fuß aufgestanden ist. Man könnte es auch praktizierte Lebensqualität nennen.

„Sehr angenehm empfinde ich die Art und Weise des Miteinanderumgehens. Höflichkeit steht viel mehr im Vordergrund als in Deutschland. Aggressionen werden weniger ausgelebt. Öffenliches Anschreien ist gar verpönt. Selbst die Reklamation eines Schadens oder einer minderwertigen Dienstleistung ist dem Schweizer eher unangenehm."
Oliver Dross, Kt. Zürich

Unaufdringliches Nebeneinander

Freundlich aber unverbindlich – so sind die Eidgenossen aus der Sicht der Deutschen. Was nach Klischee klingt, findet sich in vielen Berichten der Interviewpartner zu diesem Buch. Auch Kathrin Neumann hat ihre Erfahrungen mit der Offenheit der Schweizer im Alltag gemacht.

„Am Anfang war ich begeistert. Alle sind so höflich und hilfsbereit hier, selbst die Beamten! Es hat eine Weile gedauert, bis ich begriffen habe, warum ich mich trotzdem seltsam ‚ungesehen‘ fühlte: Keiner redet wirklich mit einem. Die Höflichkeit bleibt immer professionell, es wird daraus kein persönliches Gespräch. ‚Klönsnack‘ findet hier nicht statt.“ Richtig bewusst wurde Neumann das bei einem kurzen Ausflug nach Österreich: „Kaum hat man die Grenze überschritten, wird man wieder angeflirtet, die Konditorin erzählt begeistert, welche Keksrezepte sie von ihrer Großmutter hat, der Postbeamte beglückwünscht mich, so hervorragendes Kaiserwetter mitgebracht zu haben. Ein paar Tage später in Berlin, entspinnt sich ein amüsanter Dialog mit dem Busfahrer, kaum dass ich das Flughafenterminal verlassen habe. Als ich mein Hotel nicht auf Anhieb finde, werde ich vom Kneipier nebenan auf einen Kaffee eingeladen. Diese Dinge passieren mir in der Schweiz nie. Da bekomme ich in schlechten Momenten manchmal das Gefühl, unsichtbar zu sein." Doch wie ist es mit Schweizern, mit denen man vielleicht auch mal mehr zu tun hat? Neumann: „Als ich in meine neue Wohnung in Zürich zog, wollte ich mich – ganz ordentlich – bei meinen Nachbarn vorstellen, aber niemand öffnete mir die Tür. Hätte ich das schriftlich machen sollen? Ein Nachbar beschwerte sich nach einer Party schriftlich (via Briefkasten) bei mir, es sei so laut gewesen. Warum hat er nicht an der Tür geklopft?" Gegenfrage: Wie hat die Lüneburgerin sich auf die Schweizer vorbereitet? „Ich habe unter anderem ‚Die Schweiz für Deutsche' und ‚Kulturschock Schweiz' gelesen. Das klang alles schon sehr fremd für mich als Norddeutsche. Ich habe dann gedacht: ‚Na, die übertreiben doch, diese Klischees, das kennt man ja' – aber vieles davon ist doch nah an der Realität, z. B. das völlig andere Kommunikationsverhalten. Oder auch die Tatsache, dass es extrem lange dauert, bis Schweizer jemand Neues in ihren privaten Umkreis hineinlassen." Die Theorie der Kommunikationsberaterin ist, dass die Schweizer das nie nötig hatten und daher nicht geübt darin sind. „Die meisten werden in der DeutschSchweiz geboren, gehen hier zur Schule, zur Uni und zur Arbeit. Oft in derselben Stadt. Sie haben ihre familiären Netzwerke oftmals seit der Kindheit. Ich dagegen bin in meinem Leben schon so oft umgezogen, musste schon x-mal neue Freundeskreise aufbauen. Ich verstehe mich natürlich deshalb auf Anhieb mit Menschen, die einen ähnlichen Hintergrund haben und auf der Suche nach Anschluss sind." Die Schweizer Kleinräumigkeit ermögliche es eher als in Deutschland, enge geographische Verbindungen aufrechtzuerhalten, ist ihre Erklärung. Katrin Neumann beschreibt, was ihr in der Schweiz fehlt: „Die ungehemmte Art der Berliner oder der Bayern, fremde Leute von der Seite anzuquatschen oder in der Kneipe Freundschaft zu schließen. Die blöden Sprüche der Norddeutschen. Die klaren Ansagen. Die direkte Kommunikation. Das hemmungslose Ausbreiten seines Privatlebens am Handy in einer vollbesetzten Berliner U-Bahn und die Kommentare der Mitreisenden", sagt sie lachend. So mancher Andere würde die Schweiz für diese Defizite lieben! Doch auch die 35-Jährige lebt gern dort. Vor allem wegen der Bergsportmöglichkeiten, wegen der sie 2008 nach Zürich gezogen ist. „Das erste Mal mit dem Zug zum Skifahren – und ich bin nicht allein! Im Gegenteil, die Tram samstagmorgens um sechs ist vollgepackt mit Menschen in Ski- und Snowboardstiefeln, als wäre das völlig normal!", freut sich Neumann, „in Frankfurt oder Berlin haben mich alle für verrückt gehalten, dass ich Bergsteigen gehe." Und sie sieht auch sonst meistens Vorteile: „Die Bürokratie ist ein Traum, das öffentliche Verkehrsnetz auch. Der Sommer am See ist unschlagbar, es gibt unglaublich schöne Landschaften und Städte hier, unglaublich viel zu sehen und der Alltag ist extrem problemlos."

Nur der Schichtkäse fehlt

„Noch immer wie im Urlaub" – so simpel beschreibt Alexandra Breidecker ihr Lebensgefühl in der Schweiz. In Deutschland arbeitete sie im selben Unternehmen wie ihr Freund. Als ihm firmenintern eine Position in Bern angeboten wurde, überlegten beide nicht lange. „Anfang 2007 ging es los, da wurde ich gerade schwanger", berichtet die gebürtige Mainzerin. „Über unsere Wohnungssuche muss ich heute noch schmunzeln. Mein Freund wollte gern im französischsprachigen Teil der Schweiz wohnen. Wir haben uns im Internet drei passende Wohnungen südwestlich von Bern rausgesucht und sind dann an einem Tag kurz vor Sylvester einfach los, um uns die Gegend anzuschauen. Als wir am Abend ankamen, war es natürlich bereits dunkel. Wir haben dann eine der Adressen in das Navi eingegeben und sind dort hingefahren. Wir hatten Glück, es war jemand zuhause und wir durften einen Teil der Wohnung anschauen. Das reichte schon, wir wussten, dass wir das Haus wollten. Der Mieter hat dann den Kontakt zum Vermieter hergestellt, der uns am nächsten Tag im Hotel traf, um den Mietvertrag zu machen. Total locker, wir waren erstaunt, dass er keinerlei Papiere sehen wollte. Danach haben wir dann noch mal bei Tageslicht am Haus vorbeigeschaut."

Die kleine Gemeinde Neyruz liegt im Saanebezirk des Kantons Freiburg, eine halbe Autostunde von Bern entfernt. „Ich habe mein ganzes Leben in der Großstadt verbracht, für mich ist das ein Unterschied wie Tag und Nacht. Am meisten beeindrucken mich die Menschen hier. Sie haben einfach die Ruhe weg und ich bin immer wieder verblüfft, dass es im Supermarkt auch ohne Drängeln und Meckern geht", so die jetzige Hausfrau und Mutter. „Es gibt im Umfeld auch nur Schweizer. Kontakte zu Deutschen haben wir bisher nicht. Ich bin immer wieder begeistert, wie nett die Menschen hier sind!", schwärmt sie. „Egal ob bei den Nachbarn auf der Straße, in Geschäften oder auf Ämtern – das Gefühl, das man in Deutschland oft hatte, nach dem Motto: ‚Entschuldigen Sie, dass ich etwas gefragt habe!‘, das gibt es hier überhaupt nicht.“

Zurück will Alexandra Breidecker nicht. Im Gegenteil, die Deutsche möchte Schweizerin werden. Das Einzige, was wirklich in der Schweiz fehlt, ist „Schichtkäse, um Omas Käsekuchen zu backen“, lacht sie. Und auch gegen die antideutsche Stimmungsmache im „Blick“ hat sie ein einfaches Hausrezept – sie liest die Zeitung einfach nicht.

Warum wir die Schweiz so lieben

Ein Gastbeitrag von Jens-Rainer Wiese (www.blogwiese.ch)

„Schreib doch mal was Positives über die Schweiz", sagt meine Frau neulich zu mir, „man könnte ja meinen, wir fühlen uns nicht wohl hier". Nun denn, der Wunsch meiner Frau ist mir Befehl. Warum lieben wir die Schweiz? Was gefällt uns hier besonders? Das schöne Wetter? Das gab es in Süddeutschland auch. Wir lebten früher schon im Süden, in Freiburg im Breisgau. Morgens nach dem Wetterbericht im Radio hatte ich stets Freude, wenn der Sprecher im Deutschlandfunk verlas: „Die Temperaturen von heute früh, 7:00 Uhr. Hamburg 8 Grad, Köln 12 Grad, Frankfurt 15 Grad, Freiburg im Breisgau 20 Grad." Für Deutsche liegt die Schweiz tief im Süden, und wer noch nie „Hundstage in Norddeutschland" bei knackigen 21 Grad in der brütend heißen Julisonne erlebt hat, der kann nicht verstehen, warum wir uns hier stets wie in einem Urlaubsland fühlen.

Wir lieben in der Schweiz das gute „währschafte" Essen, bei dem wir vermuten, der Name kommt von der Frage „Na, wer schafft es aufzuessen?". Wir lieben die Nähe der Berge, wenn wir im Winter auf die Rigi fahren, um dort zu „schlitteln"; ein weiteres Wort, was es in Deutschland nicht gibt. Dort kann man nur „Schlitten fahren". Wir lieben es, im Rhein bei Eglisau oder in Zürich am Utoquai zu baden. Versuchen Sie das mal im Rhein bei Köln oder in der Binnenalster in Hamburg. Wir lieben die immer nebelfreien Herbsttage im Zürcher Unterland genauso wie die Spaziergänge in der unzersiedelten Landschaft. Kein Scherz: Die Agglo von Zürich ist zwar zersiedelt, an idyllischen Orten wie z. B. auf dem Römerturm bei Nussbaumen hat man plötzlich das Gefühl, weit ab jeglicher Zivilisation zu stehen, wenn da nicht die Dampfschwaden des KKW Leibstadt am Horizont wären. Wir lieben das Hightech Büli-Kino in Fußnähe genauso wie die Posaunenkonzerte vom Kirchturm, abwechselnd in alle Himmelsrichtungen, damit jeder was davon hat. Wir lieben das Schauspielhaus in Zürich genauso wie die Radtouren durchs „Veloland Schweiz".

Die Schweiz ist unser Zuhause geworden, wir möchten nicht mehr weg und haben auch keine Angst mehr, wenn wir auf der abendlichen Kasernenstraße in Bülach zwei jungen Männern in Zivil mit geschultertem Sturmgewehr begegnen. Wir wissen, dass jetzt kein Krieg ausgebrochen ist und die auch keinen Banküberfall durchführten, sondern nur „das Obligatorische" erledigt wurde. Wir lieben den Humor von Patrick Frey, die Geschwindigkeit von Lorenz Keiser, den Wortwitz von Nadja Sieger (bekannt durch Ursus & Nadeschkin), von Beat Schlatter sowie die Verwandlungskunst von Viktor Giacobbo. Wir trauerten über das Ende der Dienstzeit von Miss Schweiz Lauriane Gilliéron und erfreuten uns an der hübschen Nase ihrer Nachfolgerin.

Was wir mit Abstand am meisten schätzen und lieben, sind die vielen freundlichen Menschen, die es nicht aufgeben, uns täglich neu über die Geheimnisse des Schwizerdütschen aufzuklären. Sei es durch Kommentare auf der Webseite www.blogwiese.ch, sei es durch freundliche Briefe ohne Absender. Diese humorvolle, tolerante und allem Fremden durchweg aufgeschlossene Art der Schweizer, die ein feines Gespür für Ironie und Satire an den Tag legen, begeistert uns immer wieder aufs Neue.

Kommunikation mit unseren Nachbarn, der stets höfliche und freundliche Umgang miteinander, das gegenseitige Verständnis für die Nöte und Sorgen des anderen, die Kritikfähigkeit und Toleranz, das sind die Tugenden der Eidgenossen, die uns davor bewahren, je wieder woanders als in „tu felix helvetia" leben zu wollen."

Jens-Rainer Wiese lebt seit 2001 in der Schweiz. Der Deutsche ist Autor unzähliger Beiträge auf seiner Website www.blogwiese.ch. In seinen Beobachtungen skizziert er Schweiz und Schweizer Alltag aus der Sicht des Zugezogenen. Sehr unterhaltsam, was einem Nichtschweizer so alles auffallen kann!

www.blogwiese.ch – unbedingt reinschaun!

Mittendrin mit Blick von außen

Ihr Beruf ist für eine Deutsche in der Schweiz auf den ersten Blick außergewöhnlich. Anne-Carolin Hopmann ist Pfarrerin der reformierten Kirche in Zürich. Ein Studienjahr in Bern gab 1987 den ersten Impuls zum Weg in die Schweiz. „Ich studierte Theologie in Göttingen. Das Studienjahr in der Schweiz wurde mir von einem Professor empfohlen, bei dem ich damals als Hilfsassistentin arbeitete. Das Angebot in den Fächern Systematik, Ethik und Kirchengeschichte an der Uni in Bern war ausschlaggebend. Die Entscheidung für Bern und gegen Zürich hatte aber auch noch einen ganz profanen Hintergrund: In Bern bekam man noch bezahlbare Zimmer", erinnert sich die damals 23-Jährige.

Dort angekommen erlebte sie zunächst viel Neues. „Die mit 300 Studierenden sehr kleine Fakultät ermöglichte ein sehr persönliches Studium im nahen Kontakt zu den Dozenten, was ich aus Göttingen mit seinen 2.000 Eingeschriebenen nur vereinzelt kannte. Der Kontakt mit den Schweizer Kommilitonen blieb aber in den ersten Semestern eher oberflächlich, wenn auch immer sehr korrekt und höflich. Und schon damals fielen ,wir Deutschen' an der Fakultät durch unser resolutes, sehr direktes und forderndes Nachfragen im Studium auf.

Ein Wandel der distanzierten Haltung nach den ersten Semestern trat aber rasch ein, als meine Kommilitonen wahrnahmen, dass ich zu bleiben beabsichtigte. Schnell wurden die Beziehungen persönlicher, Kontakte bis ins Familienleben hinein gewährt. Bemerkenswert sind meine Erlebnisse mit der Schweizer Gastfreundschaft. So wurde ich während meiner Propädeutikums-Phase (Vorbereitung auf die praktische Tätigkeit als Priesterin, Anm. d. Verf.) von einer Kollegin im leer stehenden Zimmer der bereits ausgezogenen Schwester im schönen Brienz einquartiert und von der mir fremden Mutter zehn Tage lang umsorgt und bekocht, weil das Wohnheim, in dem wir wohnten, zu dieser Zeit durch äußere Lärmquellen ein intensives Studium nicht zuließ. Im Vorfeld wusste ich nicht, dass meine Kollegin gar nicht vorhatte, in dieser Zeit auch zu Hause zu sein. Beim ersten Abendessen teilte sie uns das mit und ließ mich am kommenden Morgen bei ihren Eltern zurück. Deren liebevolle Unterstützung ist mir heute noch eine kostbare Erinnerung."

Doch auch allgemein verortet Hopmann eine gewisse Grundzuversicht bei den Bernern. „Faszinierend in Bern empfand ich das Vertrauen der Schweizer in manche Lebensvollzüge, die ich aus dem heimatlichen Hildesheim so nicht mehr kannte und die fast dörflichen Charakter hatten: das Auslegen der Ware vor den Geschäften, die während der Mittagszeit geschlossen waren – und doch nahm niemand etwas davon; die freien Eintritte im Marzilibad, die Familienrabatte bei den Bahnreisen, wo Kinder bis 12 Jahren für 20 Franken pro Jahr fahren; die frei zugängliche Kopierkasse, in die man in Selbstkontrolle das Geld für die gefertigten Kopien einzahlte; und auch die im Gegensatz zu Zürich eher dörfliche Atmosphäre in Bern, wo man sich auch in den Außenquartieren noch grüßt. Aufgefallen ist mir auch die Haltung der verschiedenen Generationen zueinander, besonders bei Kindern schien man stets das Gute zu suchen. Auch bei unseren Examina wurden wir nicht auf Wissenslücken, sondern auf unser Wissen geprüft."

Was in Summe vielleicht etwas verklärt scheint, wird von der Theologin jedoch durch andere Erfahrungen relativiert. „Ein großes Problem war und ist bis heute der unterschiedliche Humor und die – allgemein gesprochen – größere Bereitschaft der Deutschen, auch mal über sich selbst zu lachen. Diese Fähigkeit vermisse ich bei vielen Schweizerischen Mitbürgern bis auf den heutigen Tag."

Zum Ende ihres Studiums nahm Hopmann die Großzügigkeit in Anspruch, mit der heranwachsenden Theologen in der Schweiz damals die Möglichkeit gegeben wurde, als Ferienvertretung ein Pfarramt auf Zeit zu führen. „Ich sollte für drei Monate ein Amt im Aargau vertreten. Es sind schließlich elf Monate geworden und ich konnte meinen Wechsel von der lutherischen zur reformierten Kirche in der Praxis erproben."

Die Stellensuche nach dem Examen hingegen war mühsam. „Die hohe Zahl deutscher Kommilitonen, die ebenfalls ihr Studium abgeschlossen hatten, hatte die Landeskirchen zu restriktiven Auswahlverfahren bewegt, bei denen schlussendlich die sogenannte ‚Wahlfähigkeit' nach einer bestandenen Prüfung erteilt wurde. Für mich war es damals als alleinerziehende Mutter hart, denn die Stellenzusicherung der Gemeinde hatte ich bereits, die Kirchliche Zentralbehörde ließ jedoch mit dem Prüfungstermin bis wenige Tage vor Ende meiner damaligen Aufenthaltsbewilligung auf sich warten." Aus dieser Prüfung blieb Hopmann bis heute der Satz eines Mitgliedes der Prüfungskommission in Erinnerung: „Nun haben sie es geschafft. Wir wollten ja auch sehen, ob sie sich durchbeißen können."

Heute arbeitet Anne-Carolin Hopmann als Pfarrerin der evangelisch-reformierten Landeskirche Zürich in einer Gemeinde mit 1.900 Mitgliedern in Rüschlikon. Sie hat eine Vollzeitstelle mit einer frei einteilbaren 54-Stunden-Woche, in der sie Sitzungen, Unterricht, Kurse, Veranstaltungen und Gemeindereisen organisiert, Behördenkontakte pflegt und natürlich Gottesdienste, Andachten, Bestattungen, Taufen und Trauungen durchführt. Sie ist mit einem Schweizer verheiratet. Auf der Kanzel spricht sie Hochdeutsch. Wie begegnen ihr die Gemeindemitglieder?

„Der Ruf, dass ich endlich Mundart sprechen solle, hält sich mit der Aufmunterung, ja mein Hochdeutsch beizubehalten, die Waage. Der Beruf der Pfarrerin ist verbunden mit einem hohen Vertrauensvorschuss seitens der Gemeindeglieder; durch mein Amt komme ich mit vielen Schweizern sehr einfach in Kontakt. In den zurückliegenden Jahren wurde ich im Amt erst dreimal wegen meiner Nationalität abgewiesen. Aber auch als Pfarrerin merke ich: Ironie kommt meist schlecht an. Die forsche Art, die in der eigenen Persönlichkeit liegt, und die Geschwindigkeit im Reden, Denken und Handeln stößt immer wieder auf Befremden bis hin zu Äußerungen ‚Ihr Deutschen seid einfach zu schnell'. Sehr häufig und manchmal vorwurfsvoll wird ein Minderwertigkeitsgefühl formuliert: ‚Wir Schweizer können halt nicht so schön reden.' Im Gegenzug wird aber auch betont, wie sehr ein klares und gepflegtes Hochdeutsch geschätzt wird. Dieses Thema begleitet mich in meinem ‚sprechenden' Beruf, seit ich in der Schweiz bin. Jedoch: Die positive Zuwendung überwiegt bei Weitem. Die Beziehungen sind offen. Als Pfarrerin komme ich sehr eng mit der Lebenssituation meiner Gemeindeglieder in Kontakt. Das Amt öffnet Türen anders, als dies wohl einer ‚normalen' Bewohnerin des Ortes möglich wäre. Die Einsicht in die Lebensgeschichten der Menschen vor Ort macht es mir möglich, den Ort und seine Geschichte zu erfassen, die Teilnahme an den Erinnerungen anderer, die an diesem Ort leben, lässt ihn mich mit anderen Augen betrachten; so als wäre es ein Stück Heimat. Denn Heimat wächst aus den Geschichten der Menschen, die an einem Ort leben und ihn erst zu etwas Besonderem machen. Doch bleibt diese Heimat für mich

– durch die Distanz der Betrachtung – gleichsam immer ein Stück fern, wie durch einen Spiegel gesehen.

Diese Diskrepanz kennzeichnet mein Leben und Erleben hier. Da sein, sehr nah, sehr vertraut – und doch nicht von hier. Meine Geschichte sieht anders aus als die der Menschen hier vor Ort, eine andere Schulform, eine andere Elterngeneration, die die Geschichte des Krieges und die Aufarbeitung dieser Zeit anders verinnerlichten. In meiner Jugend wurde uns sehr nahe gelegt, dass wir als Deutsche keinen Grund hätten, auf unsere jüngere Geschichte stolz zu sein. Demut und Betroffenheit angesichts der Verbrechen des Nationalsozialismus waren angezeigt und sind es noch heute. Darauf wurden wir sensibilisiert – und ich nehme mit Staunen den großen und selbstverständlichen Nationalstolz der Schweizer wahr, der sich bis in die kleinsten Lebensvollzüge äußert: Fahnen in den Gärten, als Modelabel, sogar an Gedenktagen würde mancher gern die Schweizer Fahne in der Kirche hissen. Nun hängen an Feiertagen halt die Nationalfarben und die jeweiligen Kantonsfarben oder Ortswappen an den Kirchtürmen – daran habe ich mich immer noch nicht gewöhnt. Und doch schätze ich gerade diese, meine andere Geschichte als Gegenüber zu dem klaren nationalen Bewusstsein, denn dadurch ergibt sich eine Sensibilität in der Betrachtungsweise von Dingen und Menschen, die für das kirchliche Amt prädestiniert."

Gar nicht einfach

Das beschauliche Marktoberdorf im Allgäu ist ein schönes Fleckchen, wenn man als Kind dort aufwächst. Für Judith Egle, allein erziehende Akademikerin auf Arbeitssuche, sah es dort allerdings ganz schlecht aus. Auch ernstzunehmende Jobangebote aus München, wo der Ex-Partner lebt und auch bei der Betreuung des gemeinsamen Kindes einspringen könnte, gab es nicht. Judith Egle bewarb sich über ein Jahr in Deutschland, Österreich und der Schweiz. Die dritte Bewerbung dort führte zum Arbeitsvertrag. „Nicht zuletzt auch wegen der niedrigeren Steuern sah ich in der Schweiz die Möglichkeit, zu arbeiten, genug Geld auch für die Kinderbetreuung am Nachmittag zu verdienen und mir trotzdem noch eine Wohnung und ein Leben leisten zu können. In München hätte es entweder nur für eine Ein-Zimmer-Wohnung oder für den Kinderhort gereicht", berichtet Egle aus ihren Erfahrungen. Gemeinsam mit ihrem damals achtjährigen Sohn zog sie Anfang 2008 nach Zürich-Oerlikon, um fortan bei einer im Finanzsektor angesiedelten IT-Firma zu arbeiten. In der neuen

Umgebung gestaltete sich der Alltag für die kleine Familie jedoch alles andere als einfach.

„Das Vorstellungsgespräch war Anfang Dezember, eine Woche später habe ich den Arbeitsvertrag unterschrieben, und am 6. Januar sind wir nach Oerlikon gefahren, um eine noch nie gesehene ‚Zwischenwohnung‘ zu beziehen. Am nächsten Tag hatte mein Sohn seinen ersten Schultag und ich eine Woche später meinen ersten Arbeitstag. Ich hatte, bevor ich den Arbeitsvertrag unterschrieben habe, Kontakt zur dortigen Kreisschulpflege aufgenommen, um mich zu vergewissern, dass Flavien einen Schulplatz in der Nähe unserer Wohnung bekommen kann. Ich hatte in meiner Anfrage ausdrücklich formuliert, dass ich allein erziehend bin und Vollzeit arbeite und daher auf eine Ganztagsschule und eine Hortunterbringung über Mittag sowie nach der Schule bis etwa 18:00 Uhr angewiesen wäre. Ich erhielt sehr schnell die Zusage, dass Flavien einen Platz in einer Primarschule bekommen könne. Die Suche nach einem Hort dagegen sei nach Auskunft der Behörde ‚schwierig‘.

Weder durch die Schulpflege noch über meinen Arbeitgeber wusste ich, dass ‚Ganztagsschule‘ in Zürich bedeutet, dass zwei Nachmittage pro Woche schulfrei sind, dass der Unterricht an den verbleibenden drei Nachmittagen bereits um 15:25 Uhr endet und dass die Mitteilung ‚schwierig‘ so viel wie ‚unmöglich‘ bedeutet. Dazu kommt nicht nur, dass die allgemeine Betreuungssituation in der Schweiz genauso katastrophal ist, wie in Deutschland sondern vor allem auch, dass die Schweizer Mami scheinbar zu Hause bei ihren Kindern ist und nicht arbeitet. Schon gar nicht in Vollzeit. Alleinerziehende haben in der Schweiz keine Lobby. Gleichstellungsbeauftragte oder dergleichen? Fehlanzeige. Frauenfragen gibt es nicht in der Schweiz. Daher können sie auch gar nicht diskutiert werden.“

Schließlich fand die Schulpflege einen Platz in der Mittagsbetreuung. Allerdings in einiger Entfernung zur Schule. Der Achtjährige musste für das Mittagessen etwa 1,5 km zum Mittagshort gehen, dort essen und für den Nachmittagsunterricht ab 13:30 Uhr wieder dieselbe Strecke zurück ins Schulhaus. Eine knappe Stunde Hinweg, Essen und Rückweg. Der Tagesablauf der Egles in der neuen Umgebung wurde zum reinen Stress. Auch für die Zeit nach der Schule gab es zunächst keine Lösung. Egle wurde geraten, doch privat einen Hortplatz zu suchen.

„Die Kosten hatte ich bei der Unterzeichnung meines Arbeitsvertrages nicht in Erwägung gezogen. Dafür war und ist das Gehalt nicht entspre-

chend gestaltet. Aber mir blieb kein anderer Weg, als einen privaten Hortplatz zu suchen. Zum Glück habe ich meine Stelle erst eine Woche nach
Flaviens Schulstart angetreten. Das hätte ich sonst nie geschafft."

Egle durchforstete das Internet, schrieb Mails, fragte sich durch. Keine Chance im Umkreis von Schule oder Wohnung. Alles voll. „In meiner
Verzweiflung habe ich den Radius dann ausdehnen müssen und habe in
letzter Sekunde einen Hortplatz für einen Nachmittag in Zürich Hirslanden im Kreis 7 und einen Hortplatz für einen anderen Nachmittag in Zürich Albisried, Kreis 9 gefunden. Einen Hort für beide Nachmittage zu
buchen war nicht möglich."

Was nun kam, war Stress pur, erinnert sich die Deutsche: „Zwei mal
pro Woche fuhr ich am Mittag von meiner Arbeitsstelle im Technopark
Zürich nach Oerlikon, holte meinen Sohn ab, fuhr ihn je nach Tag entweder nach Albisried oder nach Hirslanden und fuhr zurück zur Arbeit.
Dann musste ich meinen Arbeitsplatz wieder vorzeitig verlassen, um Flavien entweder da oder dort abzuholen, um uns beide dann im abendlichen Stoßverkehr nach Oerlikon zu bringen. Durch diese Fahrerei war ich
nicht nur ständig unterwegs, ich hatte mir auch innerhalb kürzester Zeit
ein massives Kontingent an Minusstunden aufgebaut, das ich in den Som-
merferien, als mein Sohn bei seinem Vater in Deutschland war, mühsam
wieder abgebaut habe. Wir beide waren in dieser Anfangszeit so fertig,
aufgrund der vielen Fahrerei und des ewigen Stresses, immer von irgendwo nach irgendwo zu müssen."

Die Schulpflege hat sich in der Folge nicht weiter bemüht. Zwar hatte
sich Egle auf alle möglichen Warteliste setzen lassen, doch gab es keine
Aussicht, dass sich die Situation in absehbarer Zeit bessern könnte.

„In dieser Zeit habe ich fast jedem meine missliche Lage geschildert.
Einer meiner Arbeitskollegen hat mir dann von seiner Situation in Dübendorf berichtet: ruhige Wohnlage, sehr gute Schule, netter und initiati-
ver Schulleiter, nette Kinder, Hort gleich neben der Schule. Wenige Tage
später erzählte er mir von einer freien Wohnung in seiner Nachbarschaft.
Ich habe mich daraufhin sofort mit der Schulpflege in Dübendorf in Ver-
bindung gesetzt. Dort war dann alles unkompliziert: Flavien könne sofort
einen Platz in der Schule und auch im Hort erhalten, wenn ich die Wohnung hätte. Wir haben die Wohnung dann besichtigt, alle erforderlichen
Unterlagen vorgelegt und zwei Wochen später erhielt ich die Zusage."

Doch jetzt, wo es für den Sohn glatt lief, begannen für Judith Egle die
Probleme am Arbeitsplatz.

„Ich bin mit Erwartungen und Hoffnungen in diesen Job gegangen. Zum einen, weil mir viel versprochen wurde, zum anderen, weil ich eine hoffnungslose Optimistin bin. Doch die erste Enttäuschung wartete gleich am Anfang auf mich. Die vereinbarte Einarbeitung fand nicht statt; die Person, die mich einarbeiten sollte, ignorierte mich vollkommen und ließ mich den ganzen Tag unbeachtet neben sich sitzen. Um mich zu beschäftigen, wurden mir irgendwelche Arbeiten gegeben. Es wurden mir bewusst Informationen vorenthalten, die ich dringend gebraucht hätte. So bin ich gleich am Anfang in jedes offene Messer gelaufen, das es in der Firma gibt, und habe mich schon in der ersten Woche bei den Meisten komplett unbeliebt gemacht, einfach aufgrund fehlender Unterstützung.

Die Personalabteilung weiß um die vorhandene Deutschen-Feindlichkeit im Unternehmen und auch, was Deutsche klassischerweise immer falsch machen. Erst Monate später hat man mich unschuldig gefragt, ob da ein Einführungskurs in Sachen ‚Etikette der Deutschen in der Schweiz‘ vielleicht hilfreich gewesen wäre.

Ich habe versucht, mein Recht auf Einarbeitung in das zugesicherte Tätigkeitsprofil durchzusetzen. Das Resultat war ein sinnloses Gespräch, das zum Ergebnis hatte, dass der ‚Einarbeiter‘ von seiner Pflicht, mich einzuarbeiten, entbunden wurde. Somit stand ich dann ohne einen Tutor, Mentor oder, wie auch immer man es nennen will, da. Sprich: Die Firma hat mich mir selbst überlassen, was ich tat oder nicht tat, um die Erfüllung meiner vertraglichen Pflicht zu gewährleisten, hat ab da niemanden wirklich interessiert. Ich habe dann durch Internetrecherchen und das Lesen von technischen Guidelines versucht, mich auf den richtigen Weg zu bringen. Unterstützende Hilfe wäre schön gewesen. Ursprünglich und laut Vertrag sollte ich den 1st-Level-Support in unserer Firma übernehmen. Bis heute bin ich dazu nicht in der Lage.

Was mir an technischer, fachlicher und menschlicher Unterstützung vom ersten Tag an gefehlt hat, wurde von den Kollegen dadurch ‚kompensiert‘, dass jeder, der irgendeine unliebsame Tätigkeit loswerden wollte, mir diese aufs Auge gedrückt hat. So bin ich nun für den Einkauf der Getränke und des Büromaterials verantwortlich. Damit verbunden ist das Auffüllen der Kaffeebar und des Kühlschranks. Darüber hatte beim Vorstellungsgespräch aber niemand mit mir gesprochen. Vertraglich ist das schon gar nicht vereinbart. Aber gut. Ich habe mich willig gezeigt und mache das bis heute. Bemerkenswerterweise (und wenn man weiß, wie sie ticken: verständlicherweise) haben die Schweizer Kollegen meine Aufgabe des Kühlschrankauffüllens vom ersten Tag an aufmerksam beobachtet und mir schon bald ihre Anerkennung ausgesprochen. Gerade der Kollege, der für meine Einarbeitung verantwortlich war, konnte sich nicht genug lobend äußern über meine hervorragende Arbeit am Kühlschrank und der Kaffeebar."

Laut Statistik ist das Verhältnis aller Studienanfänger in Europa und auch in Amerika pro Jahr: 50 % Frauen, 50 % Männer. In der Schweiz sind es 90 % Männer, 10 % Frauen.

„Diese Zahlen sprechen für sich. Leider gibt es keine Statistik, wie viele der 10 % Frauen das Studium mit einem Abschluss beenden. Oder Zahlen darüber, wie viele der Frauen, die ihren Hochschulabschluss gemacht haben, dann auch in dem entsprechenden Beruf tätig werden. Ich habe das mit Schweizer Männern diskutiert: zunächst Verblüffung, dann das Zugeben der diesbezüglichen Wissenslücke und zuletzt die Suche nach überzeugenden Argumenten für die so unglaubliche Missverteilung der Geschlechter an Schweizer Universitäten. Als schwaches Argument wurde mir gesagt, dass die Schweizer Frauen wohl lieber eine Ausbildung machen. In der Schweiz sei eben das Ansehen einer Ausbildung viel höher als beispielsweise in Deutschland. Es muss ja nicht jeder ein Studium machen. Jeder nicht, aber jede wohl schon gar nicht", macht sich die Geisteswissenschaftlerin Luft.

„Selbstverständlich habe ich immer wieder versucht, aus der Rolle der ‚Hausfrau am Arbeitsplatz' herauszukommen. Ohne Erfolg. Meine Versuche, die Arbeit mit den Kollegen entsprechend der inzwischen definierten Prozesse und Schnittstellen in Gang zu bringen, haben mich nur schleppend weitergebracht. Einige Kollegen haben die Zusammenarbeit mit mir schlicht nie stattfinden lassen. Das funktioniert ganz einfach, indem man wichtige Informationen nicht weitergibt, Kommunikation nicht stattfinden lässt, zu teilende Aufgaben alleine macht usw."

Judith Egles Situation am Arbeitsplatz ist klassisches Mobbing, wie es auch in Deutschlad täglich vorkommt. Doch Hilfe bietet auch die Chefetage nicht: „Das Ganze gipfelte darin, dass mein neuer Abteilungsleiter mich zu einem Gespräch unter vier Augen bat und mich zur Anpassung aufforderte. Er als Schweizer behauptete tatsächlich, die Schweiz sei erstens ein deutschenfeindliches Land, zweitens ein frauenfeindliches Land und drittens ein sehr konservatives Land, das Änderungen und Neuerungen nicht gern hat. Sprich: Ich als Deutsche sei beim Arbeitgeber willkommen, insofern als ich billig sei und zudem eine sehr gute Ausbildung und Qualifikation mitbringe. Aber als Deutsche unter den Schweizern sei ich eben nicht gerne gesehen. Als Frau in einem Job, noch dazu mit solch einem Auftreten und solchen Ansprüchen, wie ich sie habe, würde ich in der Schweiz so sicher nicht weiterkommen. Frauen in Führungspositionen in der Schweiz wären sehr selten und als Frau im Job hätte ich mich unterzuordnen, sonst würde ich noch enorme Probleme – auch mit ihm – bekommen. Und in einem Gespräch einige Monate später bezüglich einer Gehaltsanpassung sagte mir mein Chef: ‚Judith, die einzige Lösung, die ich für deine Geldprobleme, sehe, ist die: Suche dir einen Mann, der deine Rechnungen bezahlt!' – Darauf muss man erst einmal kommen. So hatte ich das wirklich noch nie gesehen!"

Die Akademikerin kämpfte weiter um Verantwortungsbereiche. „Viele Kollegen konnte ich aufgrund meiner Arbeit und meiner Qualifikation wohl davon überzeugen, dass ich einen berechtigten Anspruch auf eine Tätigkeit in unserem Unternehmen habe. Meine vertraglich vereinbarte Rolle kann ich jedoch bis heute nicht wahrnehmen."

Es kann also auch schiefgehen. Judith Egle sucht mittlerweile einen neuen Job. Und den hätte sie, trotz der Erfahrungen, am liebsten in der Schweiz: „Mein Sohn ist glücklich hier und will nicht mehr nach Deutschland zurück. Ich will das auch nicht, denn obwohl der Anfang so hart war und vieles schwer ist, bin ich gerne hier. Wir sind begeistert von den Möglichkeiten, die die Schweiz den Kindern in den Ferien bietet: Sport- und Spaß-Camps sind hier in großem Angebot vertreten. In Deutschland gibt es so etwas gar nicht. Auch wenn ich fünf Tage weniger Urlaub pro Jahr habe und ja auf diese besondere Form der Betreuung in den Ferien angewiesen bin, ist es doch eine großartige Möglichkeit für mein Kind, aufregende Ferien zu verbringen, sich in eine völlig unbekannte Gruppe zu integrieren, neue Freunde zu finden und sich selbst kennen zu lernen. Wir sind beide sehr froh über die von unserer deutschen Art so verschiedene Weise des Unterrichtens: ohne Druck, mit Freundlichkeit und Respekt, unter Einbeziehung der spezifischen Persönlichkeit jedes Kindes. Ich finde es großartig, dass mein Sohn schon in der Grundschule Englisch lernt. Wir hören hier täglich viele verschiedene Sprachen. Das Schwizerdütsche ist ja auch gespickt mit Anleihen aus anderen Sprachen: Hier gehen wir nicht zum Mittagessen, sondern zum Lunch. Wir fahren mit dem Velo und lösen das Billet. Wir gehen nicht in den Skateunterricht sondern in die Sk8School. Ich genieße die Vielfalt der Nationen in der Schweiz: Das Straßenbild ist damit einfach bunter und kosmopolitischer.

Ich wusste nicht, dass in der Schweiz so viele Menschen mit Migrationshintergrund leben. Meine Leut' im Allgäu hätten das auch nie gedacht. Uns gefällt das."

Also trotz allem ein One-Way-Ticket in die Schweiz? „Mein Ziel ist es, einen neuen Job zu finden, in einem etwas größeren Unternehmen mit einem weiteren Horizont, in dem auf jeden Fall auch Frauen in Führungspositionen anzutreffen sind. Ich möchte die Chance haben, als gleichwertig akzeptiert zu werden und in naher Zukunft auch wieder als Führungskraft tätig zu sein. Jetzt, wo ich weiß, wie der Schweizer tickt und was ich alles falsch gemacht habe, komme ich recht gut klar. Ich werde auf jeden Fall weiter daran arbeiten, unsere Lebensbedingungen zu verbessern."

Schick, höflich und zurückhaltend

„Als ich in die Schweiz gezogen bin, war ich der Meinung, dass ich in ein Land ziehe, das Deutschland sehr ähnlich ist, und dass es sicher kein Problem sein würde, sich einzuleben. Aber ich wurde schnell eines Besseren belehrt. Es fing schon beim Dialekt an. Anfangs hatte ich als Norddeutsche, die für alles südlich von Karlsruhe einen Übersetzter brauchte, wirklich Probleme, selbst das einfache Baseldütsch zu verstehen. Aber ich muss sagen, dass die Schweizer, wenn auch ungern, sehr schnell wechseln und Hochdeutsch sprechen. Sie fühlen sich dann allerdings immer benachteiligt. Die Schweizer ticken eben anders. Sie gehen ganz anders miteinander, sind sehr viel höflicher. Man sagt ‚Merci‘ wenn man vorbeigelassen wird oder jemanden versehentlich anrempelt. Die Schweizer stehen auch geduldig in der Reihe und es gibt selten einen Drängler. Das spiegelt sich auch auf den Autobahnen wider. Ich bin fünf Monate von Basel nach Zürich mit dem Auto gependelt. Wenn jemand mit Blinklicht vorbei wollte, hatte er meist ein deutsches oder italienisches Kennzeichen

am Heck. Im Allgemeinen sind die Schweizer auch viel mehr auf Qualität bedacht, die aber auch was kosten darf. Geiz ist hier alles andere als geil. Die Deutschen in Basel und manche Schweizer fahren schnell mal zum Einkaufen über die Grenze, aber das kommt für die Urschweizer nicht in Frage. Und eine Schneehose von Tschibo, die trägt man hier einfach nicht. Wir Deutschen haben ein so gutes Bild von den Schweizern, und ich finde es schade, dass wir hier einen so schlechten Ruf genießen. Die Dütschen sind den Schweizern zu laut, unfreundlich, egoistisch und oft eingebildet. Obwohl ich mich langsam an diese unterschwellige Abneigung gewöhnt habe, fällt mir auch auf, dass wir wirklich so sind. In der Straßenbahn sind es die Deutschen, die ins Telefon brüllen, in der Schlange sind es die Deutschen, die mosern, und beim Chef sind es die Deutschen, die sich beschweren. Trotz allem fühle ich mich hier wohl und habe gelernt, mein Temperament ein bisschen im Zaun zu halten. Ausländer sollten sich eben anpassen!"
Damaris Baca, Zürich

„Auch bei ähnlicher Sprache und dem Umstand, dass man als Deutscher hier rein sprachlich verstanden wird, ist die Schweiz dennoch ein anderer Kulturkreis. Darüber muss man sich als Deutscher im Klaren sein und entsprechend auch seine Gewohnheiten umzustellen versuchen. Ohne den Willen, sich zu integrieren, ist man hier schnell alleine. Ich habe verschiedene Deutsche kennen gelernt, die sich über mangelnde Akzeptanz beklagten. Bei näherem Hinsehen ist es bei den meisten ein ‚hausgemachtes‘ Problem."
Frank Barner, Zürcher Oberland

„Wenn man in Köln abends alleine in eine Kneipe geht, lernt man mit Sicherheit nicht die Freunde fürs Leben kennen, aber man findet immer irgendwie Anschluss. Ganz im Gegensatz zur Schweiz. Hier verabredet man sich und bleibt schlussendlich ‚untereinander‘. Es ist hier auch nicht normal, Einladungen nach Hause zu bekommen. Die Schweizer brauchen sehr lange, bis sie einmal aufgetaut sind. Ein Kollege – selbst Schweizer mit Auslandserfahrung – meinte anlässlich des Karnevals, dass Schweizer doch recht humorlos seien."
Carola Copland, Adliswil, Kt. Zürich

„Schon im Vorfeld wurde mir die Kollegialität als wesentlich besser als in Deutschland beschrieben – das ist mir hier auch ausgesprochen positiv aufgefallen. Dazu zählt auch der weitaus freundlichere Umgang miteinander. Z. B. gibt es hier immer am Morgen so etwa 15 Minuten, in denen sich auch Abteilungsübergreifend die Kollegen in der Küche treffen und dort Kaffee trinken. Meist bringt auch noch jemand etwas zum Essen mit. Das Gleiche wiederholt sich nochmals am Nachmittag gegen 15:00 Uhr. In Deutschland ist dieses freundliche Miteinander spätestens in den letzten zehn Jahren komplett abhandengekommen."
Thomas Legat, Solothurn

„Der Unterschied in der Zufriedenheit fällt auf. Die Schweizer scheinen ausgeglichener und zufriedener als viele Deutsche, die ich kenne, da sich diese wahrscheinlich mehr über Arbeitslosigkeit, Job und das zur Verfügung stehende Geld Gedanken machen müssen."
Marcus Fihlon, Aarau

„Ich glaube, die Schweizer sind die Japaner Europas. Wenn man einem Schweizer auf die Füße tritt, dann entschuldigt er sich! Also, Ellenbogenschützer ablegen und die guten Manieren hervorholen. Kostet nichts und macht das Leben angenehmer."
Hajo Michels, Bern

„Ich habe gelernt, mich den Erwartungen der Schweizer anzupassen und das ‚DDD' zurückzuschrauben. Deutsch, Deutlich, Direkt kommt einem Schweizer ziemlich quer gelegen!"
Nicole Montag, Arlesheim

„Schweizer scheinen zuerst distanziert, tauen aber mit der Zeit auf. Und aufgetaut sind sie dann herzlich, interessiert und hilfsbereit. Man sollte interessiert sein an der Schweiz, nicht zu viel von Deutschland reden und authentisch bleiben."
Claudia Moosecker, Zürich

Mögen Schweizer uns nicht?

Glaubt man den Kampagnen der Schweizer Volkspartei SVP – mit über einem Viertel der Stimmen im Nationalrat vertreten –, so wird die Schweiz von Deutschen überrollt. Die SVP betreibt Wahlkampf mit Populismus und appelliert an die Ängste der Schweizer vor Überfremdung. In Deutschland hätten solche Kampagnen wohl nur geringen Zulauf, was sicherlich mit der deutschen Geschichte zusammenhängt. Die Schweizer gehen mit der Differenzierung „Heimat – Rest der Welt" eben sorgloser um als die Deutschen, bei denen immer irgendein Gutmensch Toleranz anmahnt.

Was aber spürt man wirklich im Alltag von einer direkten Ablehnung durch Schweizer, durch SVP-Kampagnen oder durch die bildzeitungsstereotypen Großbuchstaben des „Blick"?

„Ich muss für meinen Teil sagen, dass ich die viel zitierte ‚Deutschenfeindlichkeit' hier bis jetzt nicht erlebt habe. Es wird in den Medien, vor allem den Boulevardblättern, aufgebauscht, wenn man mit den Leuten redet, ist aber oft nichts davon vorhanden bzw. Zweifel lassen sich zerstreuen. Fakt ist, dass die Schweizer zurückhaltender sind als wir Deutschen, daher muss man ihnen eben auch beim Kontakt die entsprechende Zeit geben. Wie man in den Wald hineinruft, so schallt es heraus."
Heiko Blumentritt, Balgach

„Die Freundlichkeit der Leute gegenüber den Deutschen ist sehr gut. Es ist nicht so, wie die Presse es oft darstellt, denn immerhin kommt es ja auch auf einen selbst an, wie er sich benimmt. Der Deutsche ist hier Gast und Ausländer. Wir erwarten in Deutschland von den Ausländern, dass sie sich integrieren, und das Gleiche wird sicherlich auch in der Schweiz von den Deutschen erwartet. Kurzum, ich bin sehr gut aufgenommen worden."
Fred Apostel, Zürich

„Sowohl geschäftlich wie auch privat habe ich die Erfahrung gemacht, dass sich Schweizer immer völlig korrekt und freundlich verhalten. Ich habe wirklich keine einzige negative Erfahrung gemacht. Ich habe mich nur schon mal im Restaurant für zufällig anwesende deutsche Touristen

geschämt. Da ist selbst der Schweizer Kellner etwas aus der Fassung geraten."
Arndt-Christian Arns, Basel

„Wir wohnen in einem kleinen Dorf ein wenig außerhalb von Zürich. Wir sind hier eine Familie von ‚ihnen‘, werden als aktive Mitbewohner wahrgenommen und geschätzt. Zu einem Anlass hatte jemand – halb im Spaß – zu uns gesagt, dass jetzt die Deutschen wohl auch schon die kleinen Dörfer übernehmen wollen. Fast alle Umstehenden (Schweizer) sind daraufhin dazwischengegangen und haben uns als Teil der Dorfgemeinschaft und als dazugehörend bezeichnet."
Frank Barner, Zürcher Oberland

„Den ‚Blick‘ lese ich so gut wie nie. Da gibt es doch bessere Literatur. Natürlich gibt es in der Schweiz mittlerweile viele Deutsche und einige verhalten sich auch sicher arrogant oder unangemessen, aber schwarze Schafe gibt es eben überall. Und zwar aller Nationalitäten. Gewisse Schlagzeilen geben mir schon zu denken, aber ich möchte mich davon nicht zu sehr beeinflussen lassen. Persönlich bin ich noch nie angegriffen worden, und ich habe zu meinen Schweizer Kollegen einen sehr netten Kontakt. Außerdem habe ich die netteste Schweizer Nachbarin, die man sich vorstellen kann."
Nadine Bertram, Zürich

„Natürlich bekommt man antideutsche Ressentiments indirekt mit. Insbesondere bei Sportveranstaltungen, wenn beispielsweise das Ausscheiden der deutschen Mannschaften von Schweizern gefeiert wird. Ich habe auch schon erlebt, dass deutsche Autos bespuckt oder Reifen platt gestochen wurden."
Dr. Thomas Grützner, Brig

„Von der antideutschen Stimmung merke ich wenig – außer, dass mich Schweizer häufig darauf ansprechen, ob ich etwas davon merke – sie läsen so viel darüber in der Zeitung."
Sabine Heinrich, Rothrist Kt. Aargau

„Auch wenn die Schweizerische Abneigung gegenüber den Deutschen durch unbedachte Polemik aus deutschem Mund – wie zuletzt von Peer

Steinbrück – mit verursacht scheint, so brauchen die Schweizer keine Angst haben, bereits von einer Vorhut infiltriert zu werden, wie diese Aussage stellvertretend klarstellt: bildlich gesprochen: Wenn Herr Steinbrück versucht, auch nur einen Fuß hier in die Schweiz zu setzen, werde ich der Erste sein, der sich ihm in den Weg stellt."
Wolfgang Heinrich, Rothrist Kt. Aargau

„Es schwingt als Thema schon irgendwie mit, man fühlt sich einem Pauschalurteil unterworfen. Im Allgemeinen sind diese Schlaglichter jedoch so oberflächlich und schlecht gemacht, dass ich sie für mich nicht weiter thematisiere."
Edgar Habich, Kt. Aargau

„In den Medien liest man grad viel darüber. Ich wurde einmal in einem Touristenrestaurant über den Tisch gezogen. Warum gehe ich aber auch in ein Touristenrestaurant!?"
Maren Krueger, Zürich

„Nachdem fast täglich in einer anderen Zeitung ein Artikel über uns Deutsche steht, nimmt man es aber gar nicht mehr so wahr. Am Anfang hat man sich darüber aufgeregt, mittlerweile gehört es schon fast zur Tagesordnung. Dennoch: So langsam hat man es satt. Es scheint auch eine Art ‚Hass-Liebe' zu sein. Sie mögen uns nicht, aber trotzdem sind sie auf uns angewiesen. Würde man sich die ganzen Deutschen hier wegdenken, würde es der Wirtschaft nicht gut gehen. Das Gastgewerbe, die Unis oder auch die Krankenhäuser würden ziemlich schlecht dastehen ohne uns. Ich glaub auch, sie mögen uns nicht, weil wir ihnen so ähnlich sind. Vielleicht sind sie neidisch, weil wir in Sachen Hochdeutsch einfach ausdrucksfähiger sind. Aber ich lese die Zeitungsartikel immer mit einem Lächeln, denn wir Deutschen sind freiwillig hier. Uns zwingt keiner, in die Schweiz zu gehen oder hier zu bleiben. Die Schweizer sind ein kleines, aber eben auch stolzes Volk. Klar, dass sie sich angegriffen fühlen, wenn Deutsche plötzlich einen wesentlichen Bestandteil der Bevölkerung ausmachen. Man sollte das aber nicht zu persönlich nehmen."
Melanie Knobelspies, Zürich

„Ich denke, die meisten Schweizer fallen auf die Polemik der SVP nicht rein."
Enrico Würfel, Affoltern, Kt. Zürich

„Die Plakate der SVP sind teilweise erschreckend. Gerade letztens hatte ich eine Freundin zu Besuch, die darüber recht erschüttert war. Die Leute sind aber mehrheitlich offen, wie ich finde. Manche gehen auf Distanz, wenn man Hochdeutsch spricht, aber dies sind ohnehin nicht unbedingt offene, aufgeschlossene und gebildete Leute."
Carina Velten, Zürich

„Ich selbst bekomme davon nichts mit. Es gibt aber sicher viele – vor allem in den unteren Bevölkerungsschichten –, die gut darauf anspringen."
Olaf Melber, Bern

„Ich komme ursprünglich aus Hannover, da fällt man hier mit seinem Hochdeutsch schon auf. Ich kann aber keine wirklich negative Stimmung feststellen. Wenn es nicht Leute wie Herrn Steinbrück gäbe, der völlig undiplomatisch agiert und auf den man natürlich permanent angesprochen wird."
Tobias Rölz, Kt. St. Gallen

„Bedingt durch mein Hobby, die Berge, ist es nahezu ein Leben wie im Urlaub. Viele Vorteile hier wiegen das alltägliche Gefühl, ein echter Ausländer zu sein, auf. Man ist aus wirtschaftlicher Sicht von den Unternehmen willkommen, aber dennoch der gleiche Ausländer, der auch in Deutschland verhasst ist. Es interessiert in der Schweiz keinen, warum nur ein Ausländer für die Stelle zu finden war. Die typisch deutschen Eigenheiten wiederum sind gern gesehen. Pünktlichkeit, Ordentlichkeit, Sauberkeit, all die Dinge, die man sich hier unter ‚Deutsch' vorstellt, werden bedingungslos von einem Deutschen verlangt. Ganz egal, wie spät der schmuddelige Schweizer Kollege seinen chaotischen Arbeitsplatz betritt. Beachtenswert ist aber auch die weite Spannweite der Toleranz unter den Schweizern. Die eigene Erfahrung zeigt, wie man mit ausreichend Vorbereitung problemlos migrieren kann und auch schnell anerkannt wird. Etwas Toleranz mit dem Dialekt auf beiden Seiten und es gibt kein sprachliches Problem. Französisch als Beginn eines Dialogs mit einem Westschweizer, und das Gespräch nimmt einen sehr angenehmen Verlauf, selbst wenn es wieder ins Deutsche wechselt. Der Wille zählt hier so einiges."
Oliver Vulter, Laufenburg

„Interessanterweise diskutieren die Schweizer in unserer Firma mit Vorliebe über die vielen Einwanderer, die jedes Jahr die Schweiz überfluten, insbesondere über die vielen Deutschen, die in der Summe inzwischen an Platz 1 der Einwanderer stehen. Dass jedes Jahr etwa 10.000 Deutsche die Schweiz wieder verlassen, weiß hier jedoch scheinbar niemand. Viele deutsche Familien bleiben aus Rücksicht auf die Kinder (Schule, Freunde usw.) in der Schweiz. Sobald diese Rücksichtnahme nicht mehr nötig ist, kehrt ein Großteil der Deutschen zurück nach Deutschland."
Judith Egle, Zürich

„Die Heimatverliebtheit der Schweizer, besonders auch in den Medien, empfinde ich gelegentlich als negativ. Ich schreibe einen wissenschaftlichen Blog und habe mich dort auch einmal kritisch über die Schweiz bzw. das Schweizer Wissenschaftssystem geäußert. Meine Chefin wurde danach angesprochen, wie ich als Ausländerin so etwas sagen könne. Ich müsste doch dankbar sein, in der Schweiz arbeiten zu dürfen."
Vanessa Reinwand, Bern

„Gelegentliche böse Blicke aufgrund meines ‚teutonischen Akzents'. Das passiert jedoch Ausländern in Deutschland oder jedem Mitteldeutschen in Westdeutschland ebenfalls. Von einem Schweizer Novum möchte ich deshalb nicht reden. Ich bin Gastarbeiter, der nicht das Anrecht hat, von jedem gleich herzlich umarmt zu werden. Vor diesem Hintergrund fühle ich mich pudelwohl."
Andreas Rabestein, Zürich

„Lasst sie schreiben, meine Welt sieht anders aus. Ich registriere es, kümmere mich aber weiter nicht drum. Das Leben ist entscheidend und nicht die Meinungsmache oder Manipulation der Medien."
Lothar Ebner, Seebach
„Das mit der ‚Anti-Deutsch-Stimmung' in der Schweiz bekomme ich nur durch die Medien mit. Und wenn dann in der nächsten Wintersportsaison die reichen Deutschen in Zermatt ausbleiben, kriegen wieder alle, die trotzdem kommen, einen Riegel Toblerone geschenkt. Ich bin da ganz gelassen, denn auch hier wird nichts so heiß gegessen. In zwei Monaten ist das alles vergessen und die ‚Blick' schreibt wieder über UFOs."
Arndt-Christian Arns, Basel

„Im Großen und Ganzen sind die Schweizer freundlicher als die Deutschen, z. B. in den Geschäften. In fünf Jahren habe ich vielleicht eine Situation erlebt, wo mir einer doof kam. Ansonsten nichts. Meine Tochter hat es da in der Schule etwas schwerer. Da sind Deutsche nicht so beliebt. Wohl vor allem, weil sie im Deutschunterricht besser sind."
Dörthe Rehm-Garbe, Kt. St. Gallen

„Ich bemerke zunehmende Propaganda, besonders in Zeiten wirtschaftlicher Engpässe, und in einfacheren Kreisen eine mangelnde Wahrnehmung, wie viele qualifizierte Arbeitskräfte aus EU-Ländern ihr Wissen und ihre teure Ausbildung in die Schweiz einbringen. Mehrheitlich nehme ich wahr, dass eine Überfremdung befürchtet und ausgesprochen wird. Deutsche werden wegen ihrer Ausbildung, ihrer sprachlichen und kulturellen Nähe geschätzt, aber auch als Masse wahrgenommen."
Anne-Carolin Hopmann, Zürich

„Ich habe eine etwas dunklere Hautfarbe. In Deutschland wurde ich oft gefragt, ob ich denn Deutscher sei oder wo ich herkomme. Das kann schon nerven. In der Schweiz wurde ich noch nie nach meiner Nationalität gefragt. So viel zum Thema Vorurteile gegenüber Nichtschweizern!"
Steffen Hocker, Kt. Schaffhausen

„Eine kleine Anekdote, die ich auch sehr gerne in einer Runde von Schweizern zum Besten gebe. Meist ernte ich viele Lacher: 2006 lud meine Firma zu einer Partnerveranstaltung ins Stade de Suisse, Bern ein. Nach dem Vortrag eröffneten wir das Buffet und danach schauten wir über TV das Spiel Schweiz vs. Brasilien an. Aus diesem Anlass trugen wir T-Shirts, die wie Fußballtrikots aussahen. Auf dem Rücken den Namen Schweiz und die Nummer 1. Natürlich habe auch ich mir ein solches T-Shirt angelegt und war rein äußerlich nicht direkt als Deutscher zu erkennen. Am Buffet stieß dann ein Fachhandelspartner zu mir, der mich wohl noch nicht kannte. Als er neben mir stand, sagte er wichtig: ‚Muasch di beile, bfor die Dütsche chomme' (Beil dich, bevor die Deutschen kommen). Ich sah ihn erstaunt an und antwortete: ‚Dann gib mal Gas, ich bin schon da.'"
Michael Heckner, Kt. Luzern

„Ich fühle mich als geschätzter Kollege. Oft sprich man über ‚die Deutschen‘, die in die Schweiz kommen. Die ungeduldigen Deutschen, die die Schweizer überrumpeln, keinen Spaß verstehen … Aber immer in der dritten Person. So, als ob man selbst eine Ausnahme wäre.“
Thomas Ramadan, Zürich

„Die Schweizer sind offener als allgemein propagiert. Wir haben uns in eine Stockwerkeigentümergemeinschaft eingekauft, die zu 90 % aus Schweizern besteht – und uns. Nachdem geklärt war, dass sie unseretwegen nicht Schweizerdeutsch sprechen müssen, war der Rest entspannt. Allerdings müssen zwei Dinge gesehen werden: Zum einen bringt die Schweizer Yellowpress (‚Blick ‘voran) immer wieder die alten Klischees von den Deutschen. Schlagzeilen wie, Wie viel Deutsche verträgt die Schweiz?‘ oder ‚Nehmen uns die Deutschen die Frauen weg‘ waren in den letzten Monaten nicht selten. Als Reaktion auf die Schlagzeilen haben mich teilweise Schweizer Kollegen aufgesucht und sich dafür entschuldigt … Zum anderen müssen wir Deutsche uns ganz klar den Schuh anziehen, dass Einige von uns die besagten Klischees auch sehr gerne bedienen. Ich habe Aussagen von Deutschen gehört, die ausschließlich in das Land kommen, um einen zum Teil beträchtlichen Lohnanstieg mitzunehmen und, wenn genug Geld verdient ist, wieder zu verschwinden. Bereitschaft zur Integration oder Offenheit gegenüber dem Land ist dort nicht vorhanden und nicht selten wird sich öffentlich über die Schweizer lustig gemacht. Dass so was nicht problemlos abgeht, kann jeder nachvollziehen.“
Chris Hartmann, Zürich

Verstehen, ohne zu werten

Gisela Meisen-Nussbaum lebt seit 2000 in der Schweiz. Sie folgte ihrem Partner nach Luzern, nachdem sie eine längere Fernbeziehung geführt hatte. Heute bietet die 39-Jährige eine Integrationsbegleitung auf
dem Weg in die Schweiz an. Sie weiß: „Bei vielen Deutschen findet die
Auseinandersetzung mit der Schweiz als anderem Kulturraum überhaupt
nicht statt. Sie erwarten, hier das Gleiche vorzufinden wie daheim. Das
ist zwar aus psychologischer Sicht verständlich, denn man spricht in der
Deutschschweiz ja auch Deutsch. Aber die Folgen einer solchen Denk-
weise sind nicht zu unterschätzen. Es würde ja auch kaum jemand auf die
Idee kommen, z. B. in Frankreich die gleiche Kultur vorfinden zu wollen
wie in Deutschland.“

Meisen-Nussbaum hat Interviews mit Deutschen geführt, die in
Schweizer Unternehmen anheuerten. Ihr Fazit: Die Vorstellung, zu arbeiten, wo andere Ferien machen, die Erwartung, das Gleiche wie in
Deutschland vorzufinden, und der Gedanke „Die Schweizer sind ja so
wie wir“ herrschen bei vielen vor. Die Mehrzahl unterschätzt die neue

Situation und kommt unvorbereitet. Und wer dann gleich zu Anfang in Fettnäpfchen beruflich wie auch privat tritt, hat's danach nicht leichter. Aber auch bei den Arbeitgebern hat sie nachgefragt. Wie ist deren Bild von den Mitarbeitern aus dem „Großen Kanton"? „Ich habe in den Personalabteilungen von mittleren und großen Unternehmen und auch bei Personaldienstleistern Befragungen unter den Experten durchgeführt und ausgewertet. Es werden nicht viele Fragen von den Kandidaten gestellt und auch auf Seiten der Unternehmen gibt es meist keine Auseinandersetzung mit dem Thema Integration der deutschen Angestellten vor der Einstellung oder auch im Prozess. Das bläst ins gleiche Horn, nur aus der anderen Richtung!", so Meisen-Nussbaum.

Für die studierte Sozialwissenschaftlerin zugleich Missstand und Handlungsmöglichkeit, denn man ist sich ähnlich, aber nicht gleich. Mit einem Coachingkonzept will sie deutschen Zuwanderern den Einstig erleichtern. „Ich möchte, dass man sich mit seiner Intention, in die Schweiz zu gehen, und den dahinterstehenden Vorstellungen mehr auseinandersetzt, und biete dazu systemisches Coaching an." So kann der Klient durch gezielte Fragestellungen seine Vorstellung und Wünsche überprüfen und neue Blickwinkel erschließen. Hierzu gehört auch die Überlegung, wie sich die Arbeitssituation in der Schweiz darstellt und wie sich auch der Alltag von mitziehenden Familienmitgliedern in der Schweiz verändert. Gisela Meisen-Nussbaum will den Klienten helfen, ihren Weg zu finden, aber: „Ich bin keine Beratungsstelle, die nach den besten Steuersparmöglichkeiten oder Spezialkonditionen für Deutsche bei Autokauf und Krankenkasse schaut. Wer das tut, trägt letztlich nur zum negativen Image der Deutschen bei. Ich möchte die Augen öffnen für die Kultur. Es ist vieles anders hier, jedoch nicht unbedingt besser oder schlechter. Anstatt die Dinge zu bewerten, muss man lernen, sie zu verstehen und zu akzeptieren. Der wichtigste Satz, den ich in Schweizer Unternehmen gehört habe, ist: ‚Hört doch erst mal zu und sagt nicht immer: Bei uns wird das so und so gemacht.'

Die Akademikerin weiß: „Auch sprachlich liegen wir nicht so weit auseinander, doch manchmal hat das gleiche Wort nicht die gleiche Bedeutung. Einmal bat ich meine Assistentin: ‚Komm doch gleich mal zu mir.' Und Sekunden später stand sie sauer in der Tür. Mir war nicht klar, dass für sie ‚gleich' ‚sofort' bedeutet und für mich nicht. Zum Glück konnten wir darüber sprechen und es blieb kein negativer Nachgeschmack. So leicht findet man die Fettnäpfchen."

Die kleinen und größeren Unterschiede zu akzeptieren gelernt hat die Neu-Luzernerin auch selbst. Im Freundeskreis finden sich mittlerweile viele Schweizerinnen und Schweizer. „Allerdings sage ich manchmal im Scherz: Wenn ich mich spontan verabreden will, muss ich das mit einem Ausländer tun, denn spontan ist bei den Schweizern in zwei Wochen!"

Es braucht eine Weile

In Deutschland hatte Nadine Bertram durchaus interessante Erwerbsquellen. Sie war Sprachtrainerin und Entspannungspädagogin, handelte zeitgleich mit Wein und Feinkost und veranstalte exklusive Reisen nach Italien. Doch die Wunschkonstellation aus abwechslungsreichen Tätigkeiten brachte nach drei Jahren noch nicht genügend ein. 2007 ließ sie sich deshalb auf einen kompletten Neustart ein. „Vor meiner Selbständigkeit war ich bis 2003 in der Versicherungsbranche tätig. Mein damaliger Chef ging 2001 in die Schweiz und warb mich für seine Firma an, mit einem Arbeitsplatz in Zürich. Ich hatte bereits einige Jahre Auslandserfahrung in Italien und Argentinien gesammelt. Was ich von Zürich wusste, gefiel mir, und von dort konnte ich auch schneller mal in Italien sein", erinnert sich die 37-Jährige.

Doch die ersten Monate in der neuen Umgebung waren schwieriger als erwartet. Der Job war nicht das, was Bertram sich vorgestellt hatte, die erste Wohnung ein möbliertes Zimmer mit Kochnische für 2000

Franken und die neuen Kollegen blieben eher unter sich. „Ich habe dann Apéros organisiert, mit anderen Neulingen in der Firma. Aber vor allem die Kontakte aus meinem XING-Netzwerk, die ich schon in Deutschland geknüpft hatte und die ich jetzt in Zürich treffen konnte, haben mir geholfen. Die Schweizer sind doch eher zurückhaltend. Oftmals sehr freundlich, aber nicht unbedingt sehr offenherzig. Man braucht einfach mehr Zeit, wenn man Schweizern näherkommen möchte, und auf Ungeduld reagiert der Schweizer eher mit Rückzug. Ich schätze, ohne XING wäre es schwierig geworden, anfangs überhaupt neue Leute kennen zu lernen. In der Zwischenzeit habe ich Freunde gewonnen, Deutsche und – mit etwas Verzögerung – auch Schweizer. Auch mit meinen Kollegen verstehe ich mich nun sehr gut. Mittlerweile gefällt mir das langsamere Tempo sogar."

Einstimmig für die Schweiz

Zunächst nicht ganz aus freien Stücken ging Andreas Raml in die Schweiz. Sein damaliger Arbeitgeber zentralisierte seine globalen IT-Dienstleistungen und schloss den Standort Stuttgart und damit Ramls Arbeitsplatz. „Allen Mitarbeitern wurde damals ein Jobangebot in der Schweiz gemacht. Der Umzug wurde vom Arbeitgeber finanziert", berichtet der Informatiker.

Für Familie Raml, damals Mann, Frau, zwei Kinder und ein Hund, heute drei Kinder und kein Hund mehr, begann eine Zeit voller neuer Erfahrungen.

„Was uns zunächst Probleme bereitet hat, waren die hohen Lebenshaltungskosten, so dass wir weiter regelmäßig nach Deutschland zum Einkaufen gefahren sind. Das haben wir erst nach etwa zwei Jahren eingestellt. Neu war auch das Gefühl, sich um alles selbst kümmern zu müssen: Arztrechnungen, Steuern etc. – Das waren wir von Deutschland nicht gewohnt. Auch bei der Wohnungssuche merkten wir schnell, dass wir nicht in Deutschland sind. Was ist z. B. ein Beitreibungszeugnis (vergleichbar mit Schufa-Auskunft)? Heute weiß ich das. Nach einigen Fehlversuchen hatten wir auch ein schönes Haus gefunden, waren aber fast ein Jahr lang im Streit mit dem damaligen Vermieter, der unsere Unerfahrenheit ausgenutzt hat.

Mein Aha-Erlebnis bezüglich des Schweizer Way-of-Live war allerdings das Einkaufen im Supermarkt: Als Deutscher ist man gewohnt, hier ziemlich hektisch vorzugehen. Alles schnell aufs Band, dann schnell den Einkaufswagen wieder füllen, parallel dazu bezahlen und nichts wie aus dem Weg. In der Schweiz geht das viel ruhiger zu, egal wie lang die Schlange an der Kasse ist. Gemütlich aufs Band, dann in Ruhe einpacken, ein Plausch mit der Kassiererin und dann zahlen. Sehr entspannt. Das hat mich Deutschen zu Beginn richtig rasend gemacht. Heute stört mich dagegen die Hektik in Deutschland. Autofahren ist purer Stress und Einkaufen macht mir dort überhaupt keinen Spaß mehr."

Mittlerweile wohnen die Ramls in der Innerschweiz auf dem Land, die kleine Gemeinde Arth am Südufer des Zuger Sees ist ihre Heimat. „Heute besteht unser soziales Umfeld zum überwiegenden Teil aus Schweizern. Zu Beginn unseres Weges in die Schweiz war das anders. Private Kontakte zu Schweizern fanden im ersten Jahr fast nicht statt. Wir hatten auch Probleme mit der mangelnden Spontaneität, den dörflichen Strukturen und vor allem der im Aargau latent spürbaren Abneigung gegen Neues. Dies hat sich aber vollständig gelegt, seit wir in die Innerschweiz gezogen sind. Hier hat man uns offen und sehr freundlich empfangen. Die privaten Kontakte sind aber vor allem durch die Kinder, durch Spielgruppe und Kindergarten entstanden."

Andreas Raml, der aus dem Flecken Illingen in Würtemberg in die Schweiz aufbrach, genießt das Leben: „Wir werden wohl nicht mehr nach Deutschland zurückkehren. Vor zwei Jahren, als ich einen neuen Job gesucht habe, hatten wir das kurz diskutiert. Der Entscheid fiel aber einstimmig pro Schweiz. Die Schweiz ist für meine Kinder zur Heimat geworden", so der dreifache Vater, dessen jüngster Spross in der Schweiz zur Welt kam. „Auch die Geburt unseres dritten Kindes war für uns außergewöhnlich. Die Unterschiede in der medizinischen Betreuung, der Spitalaufenthalt, die Geburt selbst und die Nachbetreuung waren schon sehr unterschiedlich zu unseren Erfahrungen in Deutschland." Das Einzige, was dem 41-Jährigen wirklich fehlt, ist die Möglichkeit, sich politisch zu engagieren. „Ich war in Deutschland sehr in der Kommunalpolitik engagiert. Das fällt hier leider weg."

Deutsche mit Natzi-Hemden

Martin Stork ist Unternehmensberater in einer Schweizer Unternehmens-
beratung. Sein Weg in die Schweiz begann jedoch über Umwege. „Ein
Schweizer Großunternehmen hatte eine Stelle in der Frankfurter Allgemeinen inseriert. Ich bewarb mich um diese Position und nach zwei Ge-
sprächsrunden nahm die eventuelle Arbeitsaufnahme konkretere Züge an.
Ich begann, mich mit der Schweiz als Wohnort zu beschäftigen. Doch
dann zerschlug sich das Angebot wegen interner Umstrukturierungen.
Dennoch hielt ich nun auch auf Schweizer Internetplattformen nach beruflichen Herausforderungen Ausschau. Sowohl für meine Frau als auch
für mich war es in der Boomphase 2006 – 2007 recht einfach, bereits nach
kurzer Zeit gute Jobs zu finden“, weiß Stork zu berichten. Seit der Finanz-
krise 2008 ist der Arbeitsmarkt jedoch auch in der Schweiz schwieriger
geworden. Seine Frau stammt aus Brasilien und arbeitet als Lehrerin an
einer internationalen Schule. „Daher ist unser Bekanntenkreis sehr ge-
mischt. Im Job dagegen habe ich es nur mit Schweizern zu tun. Und die

erlebe ich durchweg offen und positiv. Als Unternehmensberater lebt man natürlich auch von regen Interaktionen. Die Schweizer sind sehr gut drauf, das belegen Statistiken über den subjektiven Gemütszustand von Nationen. Ich empfinde die Freundlichkeit der Schweizer auch überhaupt nicht als oberflächlich. Es ist einfach eine andere Form, dem Gegenüber, auch dem fremden Gegenüber, zu begegnen. Es bedeutet freilich nicht gleich, dass da eine tiefe Freundschaft entsteht. Ich denke, gerade wir Deutschen haben hier manchmal ein Problem. Wir entstammen einer recht direkten Kultur. Vielleicht verwechselt so mancher deshalb Fröhlichkeit und Freundlichkeit mit einem Freundschaftsangebot, das de facto nie existent war, und ist deshalb im Nachhinein enttäuscht. Doch auch die verallgemeinernde Einstellung mancher Deutscher „Schweizversteher", die nur noch in den Kategorien „Schweizer", „Deutsche", „Rest" denken, ist wirklich unnötig." Zur Integration absolvierte Martin Stork in der Migros Clubschule Mundart. „Nur um zu verstehen!", versichert Stork, denn „Ausländer, die versuchen Mundart zu reden, kommen hier so gut an wie Preußen auf dem Oktoberfest, die sich auf Bayerisch versuchen."

Apropos Ankommen – Martin Stork erinnert sich gern an eine Episode während der EM 2008: „Lustig war ein Schweizer Radiomoderator während des Viertelfinalspiels Portugal–Deutschland. Der moderierte in etwa so: ‚Ja, meine Damen und Herren, es sind bereits tausende Deutsche mit ihren Natzi-Hemden über die Grenze zu uns nach Basel gekommen …' – Da hat man sich erstmal erschrocken!" Was sich zunächst anhört wie der Einmarsch von Deutschen in Braunen Hemden, ist jedoch ganz harmlos: Die Schweizer nennen ihre Nationalmannschaft gern auch ihre „Natzi". Eine simple Abkürzung und praktisch für den Schlachtruf „Schwiizer Natzi olé, olé", wobei das komplette Wort Nationalmannschaft da eher die Gesangsmelodie verfärben würde. So haben also auch „tausend Deutsche mit ihren Natzi-Hemden" nichts mit dem braunen Herrn aus Österreich zu tun, sondern schlicht mit Fußball.

Jedes Jahr ein neues Hobby

Dr. Jörn Birkel beschäftigt sich mit Lasertechnik. Die Firma Trumpf als Weltmarktführer auf dem Gebiet interessierte den Maschinenbauingenieur deshalb besonders, als er 2004 nach neuen Herausforderungen suchte. „Ich kannte jemanden in der Schweizer Dependance der Firma in Grüsch. Den fragte ich, ob dort etwas frei würde. Er riet mir, noch ein paar Wochen zu warten, dann würde sich etwas ergeben." Tatsächlich meldete sich der Bekannte nach kurzer Zeit wieder: „So, jetzt ist hier ein Job für dich frei – ich habe gekündigt!", waren dessen Worte. Verblüfft wollte Birkel wissen, was der Grund für die Kündigung sei.

„Sie können sich vorstellen, dass ich eingangs nicht begeistert war, als er mir sagte, dass die Arbeit gut sei, seine Familie sich jedoch in der Schweiz nicht wohl fühle. Bis dahin war die Schweiz für mich interessanter als das Schwabenland, wo der Hauptsitz der Firma liegt, aber jetzt wurde ich skeptisch. Doch der Kollege versicherte mir, dass ich als Single die Natur und Umgebung ganz anders genießen würde, als es mit

Familie und Kleinkind möglich sei. Er berichtete mir auch, dass seine Frau keinen Draht zu den Schweizern finden würde und dass sie auch nach Jahren Jahren kaum Freunde gefunden hatten. Doch in Aachen hielt mich zu dem Zeitpunkt nicht wirklich viel und ich hatte große Lust auf einen gehörigen Tapetenwechsel. Also beschloss ich, mir das ganze von Nahem anzuschauen und fuhr zum Bewerbungsgespräch nach Grüsch. Und damals dachte ich auch noch, ‚Ausland' sei vielleicht doch ein wenig übertrieben, schließlich war es ja die deutschsprachige Schweiz, und für Ordentlichkeit und Korrektheit sind die Schweizer schließlich fast noch bekannter als wir Deutschen. Doch da waren auch die Schilderungen meines Bekannten und seiner Frau – irgendwas musste hier grundlegend anders sein." Jörn Birkels Neugier wuchs und er trat die neue Stelle in der Schweiz an.

„Als Großstadtkind aus Aachen bzw. Duisburg war es natürlich eine sehr große Veränderung in das 1.200-Seelen-Dorf Grüsch zu ziehen und die ersten zwei Monate auf einem Bauernhof zu wohnen. Doch der Spätsommer 2004 war extrem schön im Prättigau und mein Ziel war eine geeignete Wohnung in der ‚großen' Stadt Chur." Die Hauptstadt des flächenmäßig größten Kantons der Schweiz hat gerade mal 35.000 Einwohner, so viele wie etwa das rheinische Würselen, das für Birkel immer nur ein Vorort von Aachen war.

„Was mir an Chur sofort auffiel, war die Unbekümmertheit der Menschen – das beeindruckt mich bis heute. Verbrechen und Kriminalität sind in der Stadt nahezu nicht existent. Ich war anfangs verblüfft, ja erschrocken, wie unglaublich unbekümmert die Schweizer ihre 3.000-Franken-Bikes irgendwo in der Stadt parkierten, höchstens mit einem Drahtschlösschen durch die Speichen gesichert. In Aachen, wo ich nahezu niemanden kannte, dessen Fahrrad nicht mindestens einmal gestohlen worden war, war es undenkbar, sein Gefährt nicht irgendwo anzuketten, und zwar möglichst mit dem ganzen Rahmen, wollte man nicht nur mit dem Vorderrad nach Hause gehen. Mir scheint, in Chur ist man es einfach nicht gewohnt, dass irgendetwas schiefläuft. Für jemanden, der im Ruhrpott groß geworden ist, echt süß. Für eine Brasilianerin aus Sao Paulo – unvorstellbar", berichtet der Rheinländer.

Mit der Zeit begriff Birkel aber auch, warum sein Vorgänger den Rückweg angetreten hatte: „Abgesehen von den Kontakten am Arbeitsplatz, wo ich mittlerweile neben den meist Deutschen auch Schweizer Kollegen und, durch diese, gelegentlich auch ein paar nicht-firmenangehörige

Schweizer kennen gelernt habe, mache ich diese Erfahrung: Schweizer – vielleicht speziell auch die Bündner – sind eher verschlossen und als Außenstehender ist es schwer, Beziehungen aufzubauen, die zu einer Freundschaft führen. Sie sind stets freundlich, interessiert und nett. Aber ab einem gewissen Stadium dann doch verschlossen. Nicht berufstätige deutsche Familienangehörige haben es hier daher nicht leicht, Kontakte zu knüpfen. Das ist im Rheinland zwischen Köln und Düsseldorf sicher anders."

Und sonst? „Ich bin beeindruckt, wie intensiv und ergeizig Schweizer mit Sport umgehen. Alle haben hier scheinbar einen Hang zur Bewegung. Selbst diejenigen, die von Gewichts wegen eher unprädestiniert wären. Ich hatte mich anfangs darauf vorbereitet, dass ich 20 Jahre aktives Wasserballspiel in Chur wohl an den Nagel hängen konnte, da die nächste Wasserballmannschaft in Zürich ist. Ich hatte mich schon damit abgefunden, mir irgendeinen ‚Bergsport' zu suchen. Doch es kam ganz anders. Mountainbiken, Rennvelofahren, Skilanglauf, Skitouren, Bergsteigen und Gleitschirmfliegen – mittlerweile muss ich mich bremsen: Jedes Jahr höchstens eine neue Sportart." Der ehemalige Wasserballer macht sich heute Gedanken, ob er an den Swiss-Bike-Masters oder am Gigathlon teilnehmen soll. Den Zürichmarathon hat er ja schließlich auch schon geschafft.

Wohnen in der Schweiz

Im Sommer 2008 betrug das Mietangebot in Zürich laut einer Recherche des „Spiegel" gerade einmal 57 Wohnungen. Bei einer Leerstandsquote von nicht einmal 2 % sind Mieten von 2.500 bis 3.500 SFr für eine 2–3-Zimmer-Wohnung die Regel. Also ganz grob doppelt bis dreimal so viel wie für Vergleichbares in Deutschland. Das gilt auch für die anderen „internationalen" Städte der Schweiz. Und die Tendenz zeigt nach oben. In den vergangenen Jahren stieg der Mietzins in den Schweizer Ballungs-räumen Basel, Bern und Zürich pro Jahr um durchschnittlich etwa 3 %. Kleinere Wohnungen verteuern sich dabei schneller als größere. Das sagt ein Angebotsindex, der von der Zürcher Kantonalbank monatlich ver-öffentlicht wird. In den ländlicheren Gegenden ist Wohnraum dagegen günstiger und nicht so schwer zu finden. Generell kann man sagen: Je weiter weg von einem Schweizer Stadtzentrum, desto besser sind die Aussichten, etwas zu finden.

Anders als in Deutschland gehören Teile der Einrichtung zur Woh-nung. Das bedeutet, dass in fast allen Wohnungen eine Küche mit E-Ge-räten installiert ist, die man nutzt. Ebenso verbreitet sind Waschmaschine und Trockner, die von der Hausgemeinschaft nach einem festen Plan reih-um genutzt und sauber gehalten werden.

Prinzipiell bewirbt man sich auf eine Wohnung, d. h. man füllt eine Art Bewerbungs-Formular mit persönlichen Angaben bei der Besich-tigung aus. In der Schweiz gehen diese Auskünfte durchaus weiter, als man es vielleicht aus Deutschland gewohnt ist. Neben den Angaben zur Art der Aufenthaltsbewilligung, zum Arbeitgeber, der Art der Anstellung und einem Gehaltsnachweis, ist es auch durchaus üblich, Referenzen zu erbringen, etwa ein Schreiben des jetzigen Vermieters, dass man ein „or-dentlicher" Mieter ist.

Obligatorisch ist der Auszug aus dem Betreibungsregister, den man am besten gleich selbst mitbringt. Das „Betreibungszeugnis" ist vergleichbar mit einer Schufa-Auskunft und kann auf dem örtlichen Betreibungsamt persönlich eingeholt werden. Es gibt Auskunft über alle Mahnbescheide und Vollstreckungen der vergangenen fünf Jahre. Leider bekommt man nur Auskunft über jene etwaigen Einträge, die lokal auf dem Betreibungs-amt eingeleitet wurden. Hat man innerhalb der letzten fünf Jahre also den Wohnort gewechselt, so müssen auf den entsprechenden Betreibungsämtern Auskünfte eingeholt werden. Kommen Sie direkt aus Deutschland, besorgen Sie sich am besten eine Selbstauskunft der Schufa.

Es gibt feste Termine, an denen die Schweiz umzieht. Jeweils zum Quartalswechsel, also am 1. Januar, 1. April etc. geht ein Ruck durchs Land und es werden eifrig Wohnungen getauscht. In manchen Regionen wie Zürich gibt es dagegen nur zwei ordentliche Kündigungstermine, nämlich den 1. April und den 1. Oktober des Jahres. Wer zu anderen Terminen wechseln möchte, muss damit rechnen, die Miete bis zum nächsten Stichtag doppelt zu zahlen, falls er keinen akzeptablen Nachmieter aufbieten kann.

Maklerprovisionen für die Suche von Mietwohnungen sollten üblicherweise nicht mehr als eine Nettokaltmiete betragen. In der Schweiz gibt es einige umfangreiche Internetportale für den Wohnungsmarkt.

Teilmöbliert und teuer? – Wohnungssuche in der Schweiz

„Als Angestellte einer Bank, ohne Hund und ohne Kinder finden Sie überall eine Wohnung. Als Angestellte einer Bank, mit Hund und Kindern auch, aber es grenzt sich ein. Als Normalsterblicher, in einer anderen Branche tätig, wird's schon schwieriger."
Marita Gotti Haupts, Lugano

Oft Absagen nach langen Wartezeiten. Der Schweizer Freund hat es erleichtert. Sonst wäre es schwierig gewesen. Bei der Baugenossenschaft in Luzern kann ein Ausländer z. B. gar keine Wohnungen mieten."
Dorothea Dietze, Luzern

„Es gibt relativ viele Wohnungen, wenn man sich nicht auf eine Stadt beschränkt. Doch wegen der unterschiedlichen Steuern sollte man auch im Auge behalten, in welchem Kanton die Wohnung liegt."
Susanne König, Sattel, Schwyz

„In Basel war es einfach. Mein Umzug nach Zürich stellte jedoch eine harte Herausforderung dar. Es gibt nicht genug Wohnungen für all die Suchenden und Schweizer werden oft bevorzugt. Es gibt Vermieter, die nicht an Deutsche oder andere Ausländer vermieten. Da ist jede Bewerbung hoffnungslos. Ich habe meine sehr schöne und noch bezahlbare Wohnung in Zürich nur durch Zufall bekommen. Die Bilder im Internet waren von vor der Renovierung, somit gab es weniger Mitbewerber."
Damaris Baca, Zürich

„Die Mieten sind sehr hoch. Viele Wohnungen erscheinen erst gar nicht am Markt. Immobilienmakler geben keine Inserate auf, sondern vermitteln die Wohnungen direkt an Kunden, die dann dementsprechend für die Leistung des Maklers zahlen."
Kathrin Krause, Zürich

„Bei der Besichtigung sieht man hauptsächlich Menschen, aber nur wenig von der Wohnung. Bei mehr als 50 Bewerbern hat man kaum Chancen. Gefunden habe ich meine Wohnung durch eine Zufallsbekanntschaft im Fitnesscenter."
Nadine Bertram, Zürich

„Wenn man flexibel in Bezug auf die Lage und solvent ist, findet man ein adäquates Dach über dem Kopf. Ich verstehe nicht, warum so viele Leute in der Stadt Zürich suchen, wenn sie in der Peripherie für das gleiche Geld besseren Wohnraum bekommen können."
Andreas Cronenberg, Tessin

„Da ich nur vier Stunden und vier Besichtungstermine Zeit hatte, kann ich hierüber nicht so viel berichten. Es lässt sich aber sagen, dass die architektonisch gruseligsten Gebäude meist die schönsten Wohnungen verbergen. Mit der Bauart in der Schweiz muss man sich erst anfreunden."
Verena Feuerstein, Schmerikon, Zürichsee

„Einfach ist es als Single mit hohem Einkommen und niedrigem Anspruch. Für Familien gibt es hingegen nur wenig und kaum bezahlbaren Wohnraum. Es sei denn, man geht aufs Dorf oder in ein ‚schlechteres' Quartier."
Christiane Lellig, Zürich

„Sehr ernüchternd. Am Anfang haben wir es über Internetportale versucht, aber es war bei jeder Besichtigung ein Kampf mit etlichen Bewerbern. Letztendlich haben wir durch Zufall bei Migros eine private Anzeige gelesen und sofort angerufen, hat dann auch geklappt."
Raffaela Meurer, Kanton ZH

„Im Großen und Ganzen keine Probleme, schon gar nicht, wenn man sich an die großen Vermieter hält. In Zeitungsannoncen steht schon manchmal, dass sie nicht an Ausländer vermieten. Hat mir auch mal ein Vermieter am Telefon gesagt. Die Wohnungen hier finde ich klasse, zumal immer eine Küche drin ist, Spiegel im Bad und auch Einbauschränke. Je nach Gegend herrscht halt ein ziemlicher Wohnungsmangel vor allem an bezahlbaren und schönen Wohnungen."
Doreen Pimpl, Küssnacht

„Haben Sie schon mal versucht, im Raum Zürich eine Wohnung zu finden? Das haben wir vor zwei Monaten für unsere Nanny machen dürfen. Zettel sammeln, ausfüllen, Fragen, die auf Ausländer oder Neuzuzügler gar nicht passen, Absagen. Wir hatten Glück, und Beziehungen. Sonst wäre wohl nichts gegangen."
Ina Paschen, Zürich

„Ich habe mir über zwei Monate circa 20 Wohnungen angeschaut. Auf vier Bewerbungen habe ich zwei Zusagen bekommen. Ich hatte eine richtige Bewerbungsmappe mit Referenzen, Zeugnissen, Beitreibungsauskunft etc. dabei. Es gibt diese geheimen, unverhofften Schätze, wie die Wohnung, die ich am Ende gefunden hab. Allerdings als Untermieterin."
Silke Schäfer, Zürich

„In Basel bekommt man schnell eine Wohnung, wenn man gut aufgestellt ist, also guter Arbeitgeber, ordentliches Auftreten. Man muss nur bereit sein, die Mondpreise zu zahlen, die hier aufgerufen werden. Auf dem Land wird es schnell billiger, aber, wer stadtnah oder direkt in der Stadt

wohnen will, der muss tief in die Tasche greifen. Ich wohne mit meiner Familie auf 110 m² für 2.800 CHF. Üblich ist, dass man sich mit mehreren Bewerbern um eine Wohnung bewirbt, oft werden Gehaltsnachweise und polizeiliche Führungszeugnisse verlangt. Das geht manchmal schon deutlich unter die Gürtellinie, was da so abgefragt wird."
Markus Stübchen, Basel

„Im Gegensatz zu Zürich kann man in Basel recht schnell was finden. Die Mieten sind natürlich extrem. Ich wohne in einem Vorort und habe Preise wie in der Münchner Innenstadt. Man gewöhnt sich aber schnell an die Preise und findet in Deutschland auf einmal vieles sehr günstig."
Martina Stadler, Basel

„Überraschend war vor allem, dass hier die Küchen und Waschmaschinen vom Vermieter gestellt werden und auch Maklergebühren zu dessen Lasten gehen."
Fabian Uhl, Biel

„Ich habe in einem möblierten Business-Appartment gewohnt und erst nach zwölf Monaten meine heutige Wohnung im Kreis 6 bezogen. Doch meine Ansprüche waren recht hoch, sonst hätte ich wohl eher etwas gefunden. Ich bin häufig bei Besichtigungen gewesen, wo sich dann 50 und mehr Leute auf den Füßen standen."
Andreas von Rosen, Zürich

„Was für ein Desaster. Wir hatten eine kleine Wohnung in Zürich nahe dem Schaffhauser Platz. Sehr ruhig und wunderschön. Aber die Suche nach einer großen, modernen Wohnung war katastrophal. Termine zur Besichtung nur zu ganz bestimmten Zeiten, sehr häufig während der Arbeitszeit, keine Ersatztermine, unglaublich viele Interessenten, die Hauseigentümer nicht vor Ort. Man muss immer einen Bewerbungszettel ausfüllen und dann entscheidet meistens eine Hausverwaltung nach Einkommen, Herkunft, Bewilligung und vor allem nach Arbeitgeber. Es gibt zu wenig Wohnungen und zu viele Interessenten. Das macht die Mieten sehr teuer."
Simone Knell, Zürich

„Es ist nicht leicht, in Zürich und Umgebung eine Wohnung zu finden, das ist wohl bekannt. Ich möchte aber dazu sagen, dass das stark von persönlichen Wünschen abhängig ist. Wenn man am See oder in einem Trendviertel wohnen will, ist es extrem schwer und teuer. Aber wenn man andere Präferenzen setzt wie gute Verkehrsanbindung und Kindergärten oder Schulen in der Nähe haben will, dann ist es meistens kein Problem, in einer vertretbaren Zeit eine bezahlbare Wohnung zu finden."
Alexej Freund, Glattbrugg

„Entgegen aller landläufigen Meinungen über Wohnungssuche in Zürich lief es bei mir absolut problemlos. Ich bin einen Tag nach Zürich gereist, habe mir vier Wohnungen angeschaut, darunter meine Traumwohnung. Die Zusage für diese Wohnung habe ich noch am gleichen Tag erhalten und eine Woche später konnte ich einziehen."
Anke Gottwein, Zürich

„Reicht ‚katastrophal‘, um die Situation zu beschreiben? Fünf Monate Wohnungssuche – und das, obwohl wir bereits bis 3.000,- Sfr gesucht hatten. Wir wohnen jetzt etwas außerhalb, aber trotzdem recht hochpreisig. Dem Freundes- und Kollegenkreis geht es nicht anders. Meine Schwägerin – jung, ledig, attraktiv –, die ebenfalls nach Zürich gezogen ist, besichtigte drei Wohnungen und hatte zwei Tage später zwei Zusagen.“
Alexander Weiss, Zürich

„Vom Glück verwöhnt! In Luzern gab es keinerlei Probleme, und auch im mühsamen Zürich hatte ich Glück. Mein Joker war, eine hübsche Bewerbung mit Foto zu schicken. In Genf ist die Wohnungssuche brutal, unabhängig vom Gehalt suchen die Leute über Monate. Ich bin daher einfach bei meinem Freund eingezogen. Wir leben in einer tollen, aber zu kleinen Wohnung, für die er sich am Telefon anhand einer Beschreibung entscheiden musste, ohne sie je gesehen zu haben, der Andrang ist einfach zu groß.“
Dorothee Schramm, Genf

„Was mich schockiert hat, war, dass ich aufgrund meiner Herkunft bei meiner Wohnung die dreifache Kaution meiner Vormieter zahlen musste. Vor uns haben Schweizer Studentinnen ohne festes Einkommen in der Wohnung gewohnt. Diese haben eine Monatsmiete Kaution hinterlegen müssen. Ich mit meinem unbefristeten Vertrag musste dagegen das Dreifache zahlen. Der Vermieter meinte, dass die Deutschen ‚immer ohne zu zahlen abhauen‘. Am liebsten wäre ich gegangen, aber ich wollte ja die Wohnung.“
Victoria Milde, Biel

„Ich hatte das Glück, eine Wohnung mit einem Arbeitskollegen, der die Bewilligung C hat, auf die Beine zu stellen. Ansonsten wäre ich vor größeren Schwierigkeiten gestanden, da Schweizer Vermieter generell sehr vorsichtig und misstrauisch sind. So gehört der Anruf beim Arbeitgeber, um die Höhe des Lohns zu erfahren, genauso zum Bewerbungsprozedere wie die Beitreibungsauskunft. Wobei man hier zwischen privaten und institutionellen Vermietern unterscheiden muss: Die Zweiten sind in diesem Prozess weitaus professioneller.“
Hans Jürgen Winandi, Kreuzlingen

„Bei einem Leerstand von 0,18 % im Kanton Zug ist die Wohnungssuche wohl mit Abstand der herausforderndste Aspekt an der ganzen Migration in die Schweiz. Ich bin bereits vierzehn Mal international und in Deutschland umgezogen. Die Schweiz ist sicherlich der Gipfel."
Martin Stork, Zug

„Die Wohnungssuche ist ein ganz wichtiger Punkt, wenn nicht sogar der ‚Knackpunkt' der ganzen Unternehmung. Ich habe schon öfter gehört, dass man an Deutsche gar nicht vermietet: ‚Nein, Deutsche haben wir schon genug.' Ich wohne seit einem Jahr in einem möblierten 1-Zimmer-Appartment. Die passende Wohnung – die mir langfristig auch wirklich gefällt – habe ich noch nicht gefunden."
Carolin Kloz, Kloten

„Die Organisation, bei der mein Mann angefangen hat, hat uns eine ‚Relocation Agency' gestellt, die nach unseren Wünschen vor-ausgewählt und Besuchstermine vereinbart hat. Ohne diesen Service wäre es wohl sehr schwierig geworden, denn selbst bei den von der Agentur ausgesuchten Wohnungen war nur eine einzige dabei, die wirklich in Frage kam. Die haben wir dann sofort genommen, das ursprünglich angepeilte Budget mussten wir allerdings überschreiten."
Isabelle Rossand, Lausanne

„Das ist wirklich ein Kapitel für sich. Bei der Wohnungssuche merkt man schnell, dass man Ausländer ist. Es werden eher Zusagen an Schweizer gemacht. Alleine das Thema ‚Beitreibungsregister' war für mich absolutes Neuland. Ich hatte zum Glück einen deutschen Vermieter gefunden, der zufälligerweise sogar auch aus Nürnberg stammt. Daher habe ich dann auch den ‚Zuschlag' bei seiner Wohnung erhalten."
Jürgen Kob, Kanton Zug

„Da ich nicht in der Stadt Zürich gesucht habe, mein Arbeitgeber liegt 20 km außerhalb der Stadt, hatte ich Glück, schnell eine Wohnung zu finden. Ich habe von Deutschland aus über das Internet gesucht. Ich habe ca. zehn Wohnungen ausgesucht und mir auf zwei Tage verteilt die Besichtigungen gelegt. Die Wohnungen waren alle in gutem bis sehr gutem Zustand, die Leute waren nett. Super ist, dass überall Küchen zur Wohnungsausstattung gehören, und es sind wirklich sehr gute Küchen. Von Vorteil erwies sich da bei mir der Tipp meiner Freundin, die schon drei Jahre lang hier lebt: eine Empfehlung vom vorherigen Vermieter gleich bei der Wohnungsbesichtigung parat zu haben. Also auf diesem Blatt stand dann: Ich war eine gute Mieterin, habe immer pünktlich gezahlt und nichts kaputt gemacht (so pauschalisiert). Das war dann ausschlaggebend bei meiner jetzigen Vermieterin, die ihre Eigentumswohnung an mich vermietet. So war auch keine lange Bewerbungsprozedur für die Wohnung notwendig, sie hat dann der Hausverwaltung ‚nahegelegt‘, mir den Mietvertrag zuzusenden.“

Andrea Puschmann, Zürcher Oberland

„Ich habe bei der Wohnungssuche vermutlich viel Glück gehabt. Ich habe mir vier Wohnungen angesehen und letztendlich die erste genommen und diese dann auch relativ problemlos bekommen. Natürlich mit dem üblichen Bewerbungsverfahren und unter Angabe meines Jahresbruttogehaltes. Was mich in allen Mietswohnungen gestört hat, ist, dass sie keine Waschmaschine in der Wohnung haben, sondern meist nur Gemeinschaftswaschmaschinen im Keller mit einem detaillierten Waschplan, an den sich akribisch zu halten ist. Ebenfalls neu für mich war, dass die Küche immer schon komplett eingerichtet ist.“

Arndt Arns, Basel

„In Rorschach war es gar kein Problem. Als ich vor zwei Jahren nach Zürich gekommen bin, war es schon deutlich schwieriger. Hier herrscht Wohnungsmangel und die Preise sind sicher auf oder über dem Niveau von München. Es gibt aber trotzdem keine blutsaugenden Makler im Wohnungsmarkt, da ein Makler gesetzlich max. 75 % der ersten Wohnungsmiete als Provision verlangen darf. Außerdem läuft hier das Meiste über Genossenschaften, die oft Versicherungen gehören. Dort sind Provisionen nicht üblich.“

Carsten Crome, Zürich

Es ist erschreckend, wie hoch die Mieten im Vergleich zu Deutschland in der Schweiz sind, wenn man eine einigermaßen modern ausgestattete Wohnung sucht. Ebenfalls sehr auffällig ist die Masse an Bewerbern bei Wohnungsbesichtigungen. Zum Teil steht man bereits im Erdgeschoss an für eine Wohnung, die sich weiter oben befindet.“

Ingo Fechner, Kanton ZH

„Wohngemeinschaften gehen schnell, Wohnungen sind schwieriger. Termine unter der Woche bringen mehr als die Termine am Wochenende, denn die sind nur frustrierend. Wenn man einmal die Kröte geschluckt hat, dass die Mieten höher sind, dann bekommt man eine Wohnung. Doch das, was alle suchen, ist utopisch. Alle Unterlagen offen legen, Auszug aus dem Beitreibungsregister, Arbeitsvertrag etc. Ich habe einen Brief geschrieben und mich quasi beworben. Außerdem habe ich direkt am nächsten Tag nach der Besichtigung angerufen. Zuschlagen, schnell sein, nett sein!"
Maren Krueger, Zürich

„Eine Wohnung zu finden ist fast so unmöglich wie einen Parkplatz in der Zürcher City. Um gute Chancen zu haben, sollte man gleich eine ganze Bewerbungsmappe mit B-Bewilligung, Auszug aus dem Beitreibungsregister, Kopie des Arbeitsvertrages und 2–3 Adressen von Referenzpersonen zum Besichtigungstermin mitbringen."
Melanie Knobelspies, Zürich

„Ein Horror! Ich habe drei Monate gebraucht, um eine Wohnung zu finden, und das temporäre 30-m²-Appartement kostete 2.300 SFr pro Monat. Eine Unverschämtheit, aber es herrscht eben Wohnungsnot."
Enrico Würfel, Affoltern, Kt. Zürich

„Das hatte ich absolut unterschätzt. Die Wohnungssituation in Genf ist extrem schlecht. Ich habe nach eineinhalb Monaten der Suche eine Wohnung gefunden. Und ich meine hier ‚irgendeine‘ Wohnung, nicht etwa meine Traumwohnung. Wegen meines Erfolgs hat die Personalabteilung danach neue Kollegen auf Wohnungssuche zu mir geschickt, weil hier normalerweise vier und mehr Monate Suche nötig sind."
Jan-Henrik Tiedemann, Genf

„Wenn man erst mal kapiert hat, was eine Wohnung mit Sitzplatz ist, und man sich damit arrangiert, dass es den Schweizern genügt, Zimmer zu zählen anstatt Quadratmeter, dass nur zweimal im Jahr gezügelt wird und die Mieten in Chur so hoch sind wie in München, man dafür in der Regel aber auch Parkett und eine voll ausgestattete Küche bekommt, dann ist es fast wie in Deutschland!"
Dr. Jörn Birkel, Chur

„Man muss in Zürich einfach Glück haben. Außerhalb sind die Preise in Ordnung und das Angebot höher, der öffentliche Verkehr ist superb. Dazu gibt es keine Ghettos, in denen man keinesfalls wohnen möchte. Das Schlimmste in Zürich ist wie mittelschlechte Wohngegend in Stuttgart und mittlere in Berlin."
Hans Christian Lehmann, Zürich

Und wenn eine Mietwohnung zur Glückssache wird, ist das Mieten eines ganzen Hauses in der Schweiz fast ein Lottogewinn, wie ein Interviewteilnehmer erfahren durfte: „Nach nunmehr zwei Jahren der Suche werden wir ein Haus in Oberwil mieten. Da Häuser hier nur sehr selten zur Miete angeboten werden und dann horrend teuer sind, haben wir ziemliches Glück gehabt. Meine Frau hatte von der Möglichkeit per Mundpropaganda erfahren, bevor der Makler das Inserat geschaltet hatte."
Kay Brunner, Baselland

Das Haus in den Bergen – Immobilienerwerb in der Schweiz

Der Erwerb von Wohneigentum ist für Deutsche fast ohne Einschränkungen möglich. Sie haben, sofern sie in der Schweiz wohnen, die gleichen Rechte wie die Schweizer. Der Erwerb einer Immobilie kann unmittelbar nach Erteilung der Aufenthaltsbewilligung und Anmeldung beim Einwohnermeldeamt der künftigen Wohngemeinde erfolgen. Grenzgänger haben die Möglichkeit, eine Immobilie als Zweitwohnung oder zur Berufsausübung zu erwerben. Auch EU-Bürger, die weiterhin im EU-Raum arbeiten, aber in der Schweiz wohnen wollen, können Wohneigentum zur Selbstnutzung erwerben.

Verkaufsprovisionen werden in der Schweiz grundsätzlich vom Auftraggeber bezahlt. Dass der Käufer dem Makler eine Provision bezahlen muss, ist deshalb nicht üblich, außer natürlich bei Suchaufträgen.

„Wir haben über das Internet gesucht, mit Schwerpunkt Einfamilienhaus. Die Immobilienpreise sind absolut erschreckend, ca. das 2,5-fache eines Hauses in der Region Frankfurt am Main. Das Angebot an Häusern zum Mieten ist sehr gering. Die Mieten mit mindestens 4.000 SFr pro Monat sehr hoch. Das Angebot bei Häusern zum Kaufen ist wesentlich größer und, wenn man die aktuell günstige Finanzierung betrachtet, lohnt es sich schon, etwas zu kaufen, auch wenn die Preise extrem hoch sind. Gute Häuser sind leider schnell vergriffen; wir haben uns zwei Häuser angeschaut, wobei wir dann das eine davon auch gekauft haben. Wir konnten uns leider nicht viel Zeit lassen mit der Entscheidung, denn die Käufer stehen quasi Schlange."
Elisabeth Bindemann, Zürich

„Fast alles übers Internet bzw. über Makler. Es existiert so gut wie kein privater Markt. Alle Wohnungen haben einen hohen Standard und, wenn man kaufen will, dann sind Parkplätze extrem teuer."
Carsten Leuters, St. Gallen

Nicht einmal Wände streichen

„In Deutschland hätte ich das nicht gemacht", ist sich Jaqueline Käding sicher. Die selbständige Designerin hat auf der Schweizer Seite des Bodensees ein Haus gebaut.

Das finanzielle Risiko dafür hätte sie in Deutschland nicht auf sich nehmen wollen. „In der Schweiz ist bei den Krediten einiges anders. Hier muss man nicht tilgen. Das ist mindestens 1 % an Zins, die man so ‚spart'. Auch sind die Zinsen hier niedriger und die Steuern ja ebenfalls."

2004 hat die dreifache Mutter das Grundstück auf der Schweizer Seite gefunden, auf dem jetzt ihr Traumhaus steht – nachdem sie vorher lange in und um Konstanz gesucht hatte. „So etwas hätte ich mir wohl auf der deutschen Seite auch gar nicht leisten können. Das Grundstück liegt 250 Meter entfernt vom Seeufer. Das Haus ist architektonisch modern: quadratisch, praktisch, gut, sozusagen. Der Blick auf das Wasser ist gigantisch, von drei Etagen und von drei Balkonen aus. Das Grundstück war erschwinglich, denn es liegt am Rand eines Industriegebietes." Und das sieht Käding als klaren Vorteil, denn „ein Industriegebiet ist ein total problemloser Nachbar!"

Grunderwerb ist für EU-Bürger in der Schweiz heute kein Problem mehr. Welche Vorgaben musste sie als Deutsche erfüllen, um in der Schweiz bauen zu dürfen? „Eigentlich die gleichen wie auch in Deutschland, wenn man eine Immobilie will: sicheres Einkommen. Als Selbständige habe ich dazu einen Businessplan eingereicht. Ein Drittel Eigenkapital ist natürlich ebenfalls gut. Bei der Finanzierung sind in der Schweiz zwei Hypotheken möglich. Am besten sind ein langfristiger und ein kurzfristiger Kredit."

Probleme in der Bauphase, etwa mit Behörden, Architekt oder Baufirma gab es für die Alleinerziehende nicht. „Die Baustelle war immer topp aufgeräumt, alle Baumaterialien hochwertig und das Haus wurde sogar eine Woche vor dem Termin bezugsfertig. Mein Architekt ist ein alter Hase, der bisher wohl um die 60 Häuser gebaut hat. Da lief alles reibungslos. Bei der Übergabe fragte ich ihn, wie viele alleinstehende Frauen er schon als Bauherrinnen hatte. Ich war die Erste", erinnert sich Käding schmunzelnd.

Für die Umsiedlung ihres Gewerbes an die Schweizer Seite des Bodensees hat die Selbständige dann eine Beratungsfirma zu Rate gezogen. „Das war sehr bequem, das Unternehmen hat mir alle Formalitäten abgenommen. Und während des Hausbaus durch Architekt und Baufirma konnte ich mich voll um Job und Familie kümmern."

Denn Eigenleistung ist in der Schweiz nicht üblich: „Nicht einmal Wände streichen!"

Made in Switzerland

Welches grobe Bild haben wir eigentlich von unseren Nachbarländern, ohne länger als ein paar Sekunden nachzudenken? Wen würden wir in einer Gruppe von Europäern als den Franzosen identifizieren? Natürlich den mit der Baskenmütze. Selbst wenn er blond, schnurbartlos und Pole wäre. Hätte er ein Baguette unter dem Arm, würden wir ihn spontan eher mit „Salut" als mit „Cześć" begrüßen. Schuld wäre das Baguette, könnten wir behaupten und es damit auf das allgemein gültige Bild des Franzosen beim Rest der Welt schieben.

Auch den Russen würden wir aus der Gruppe fischen. Es wäre mit Sicherheit der kurzhaarige Typ mit der knallbunt kostümierten jungen Frau. Leider gibt es in Russland sonst nicht viel außer Wodka, was wir als russisch identifizieren. Es fehlt an typischen Dingen, die sofort im Kopf sind, wenn man an Russland denkt.

Mit der Schweiz haben wir da keine Probleme.

YOUR COMPANION FOR LIFE

Victorinox AG, Schmiedgasse 57, CH-6438 Ibach-Schwyz, Switzerland,
T +41 41 818 12 11, F +41 41 818 15 11, info@victorinox.ch

Berge, Kühe, Alphörner, Käse, Schokolade, Messer, Uhren, Konten, Eisenbahn. So ungefähr, oder? Wo ist aber die Grenze zwischen Klischee und Wirklichkeit? Was ist Heidiland und wo beginnt die echte Schweiz?

Zugegeben, die Bergbauern sind heute in erster Linie keine Bergbauern mehr, sondern Tourismusbeauftragte. Auf den Almen wird hauptsächlich gewirtschaftet, damit das Landschaftsbild erhalten bleibt. Denn das wollen die Touristen sehen. Auch die Schweizer Touristen.

Ein großer Teil unseres Schweizbildes ist geprägt von Begriffen wie „Präzision" und „Handwerk". Es geht um das Originale und um dauerhafte Wertigkeit.

Könnte man Appenzeller Käse auch aus EU-Milch herstellen? Selbst wenn, man sollte es auf keinen Fall versuchen. Denn Appenzeller Käse schmeckt nach Alpen. Und es ist dabei egal, wie Alpen jetzt genau schmecken. Wir würden aber glauben, dass es nicht mehr so ist, wenn plötzlich „hergestellt aus EU-Erzeugnissen" draufstände.

Oder stellen Sie sich vor, Toblerone würde in Rumänien gemacht, weil das günstiger ist. Selbst wenn man Schokolade, Mandeln und Nougat von der Schweiz nach Rumänien liefern würde, nur um es dort zu verpacken, es wäre das Aus für den Gipfel der Genüsse. Schweizer Messer herge-stellt in China? Sprüngli-Pralinen made in Italy? Ebenso „echt" wie ein Oktoberfest in Bremerhaven.

Doch der Standort allein macht ja noch keine Qualität. Was macht also das Victorinox Messer und die Uhr von IWC zum Präzisionsinstrument? Wieso zerschmilzt Sprüngli No. 1 tatsächlich am Gaumen?

Weil die Schweizer das alles eigentlich nur für sich selbst machen.

Wie ich darauf komme? In Deutschland gibt es nur eine Sorte Appen-zeller Käse zu kaufen, in der Schweiz gleich drei. Das ist der Beweis.

Wenn die Schweiz so groß wäre und so viele Einwohner hätte wie Russland, dann müssten die Schweizer überhaupt nichts exportieren. Sie hätten es einfach nicht nötig, Toblerone, Appenzeller und Offiziersmesser mit Nichtschweizern zu teilen.

Freuen wir uns also, dass die Schweiz so klein und die Liebe der Schweizer zur Qualität so groß ist.

Die Schweizer Kantone – 26mal anders

Die Schweiz ist umgeben von EU-Staaten. Was macht das Land so anders als Österreich, Deutschland oder Frankreich? Worin unterscheidet sich das Leben im Thurgau von dem in Baden-Württemberg, in Graubünden von dem in Vorarlberg, das des Tessiners von dem des Norditalieners? Vielleicht in sehr viel weniger, als sich die verschiedenen Kantone in der Schweiz voneinander abgrenzen. Es scheint, als sehen sich Schweizer nicht nur gern als extraeuropäisch im Sinne einer paneuropäischen Völkergemeinschaft.

Ist es beispielsweise für einen Sachsen nicht so wichtig, ob er in Sachsen oder in Niedersachsen wohnt, spielt der Heimatkanton für einen Schweizer eine weitaus größere Rolle. Der eigene Kanton ist immer der besondere. Die anderen gibt es auch, aber das sind halt die anderen. Und wenn ein Berner seine Heimat lobt, machen Sie bloß nicht den Fehler, zu behaupten, Luzern sei genauso schön. Spricht ein Winterthurer in höchsten Tönen von Zuhause, kann man, nachdem man ihm beigepflichtet hat,

120

vielleicht noch erwähnen, dass man selbst aus Köln kommt und es dort manchmal auch ganz nett ist, aber man sollte auf gar keinen Fall behaupten, dass Zürich ja auch schön und zudem noch größer ist, auch wenn man damit sagen will, dass die Schweiz reich an schönen Plätzen ist. Es könnte sein, dass man gründlich missverstanden wird.

Schuld ist der Schweizer Kantönligeist, der bei Wikipedia so umschrieben wird: „Kantönligeist bezeichnet eine als übertrieben empfundene Differenzierung der Identität, Mentalität und Politik zwischen den 26 Schweizer Kantonen. (…) Die Ursprünge dieses Phänomens liegen in den Eigenheiten jedes Kantons. So hat jeder Kanton seinen eigenen Dialektmix, seine eigene Verfassung und andere regionale Spezialitäten. Auf politischer Ebene liegen Kultur, Schulwesen, direkte Steuern, Gerichtswesen, Naturschutz, Heimatschutz und Strafvollzug heute noch teilweise in der Kompetenz jedes einzelnen Kantons."

Ob die Differenzierung der Schweizer untereinander übertrieben ist, darüber sollte man sich als Außenstehender zunächst kein Urteil erlauben. Tatsache ist, dass es die Schweiz eigentlich 26mal gibt. Denn die Schweiz ist der wohl föderalistischste Ort der Welt, was sich auch im Selbstverständnis jedes einzelnen Kantons widerspiegelt. Das geht so weit, dass jeder Kanton seine eigenen Einkommenssteuersätze festlegen kann und dies auch tut. So zahlt man etwa auf ein Einkommen von 90.000 SFr in Lausanne 13 % kantonale Einkommensteuer, in Zug nur 5 %. Und spätestens hier wird dann auch dem Deutschen klar, warum der Zuger seine Stadt toll findet.

Es gibt in den meisten Kantonen Dinge, die besser sind als in den anderen. Wenn man dies berücksichtigt, haben Schweizer, fast egal woher sie stammen, meistens Recht, wenn sie behaupten, ihr Kanton sei etwas Besonderes innerhalb der Schweiz.

Politisch pflegen die Schweizer jedoch auch auf Bundesebene die Kultur des Konsens. Bei Beschlüssen wird nach für alle verträglichen Lösungen gesucht. Doch auch das ist nicht immer der Weisheit letzter Schluss. Denn in der Schweiz geht tatsächlich aller Wille vom Volk aus. Das reicht vom Gemeindebeschluss über den Bürgerentscheid auf Kantonsebene bis zum Kippen ganzer Verfassungsteile per Volksentscheid. Eine direktere Demokratie als die der Schweizer wird man auf der Welt wohl vergebens suchen. Die Bundesversammlung kann beschließen, was sie will. 100.000 Schweizer reichen aus, um den Beschluss zu kippen und neu zur Diskussion zu stellen. So etwas geht auch auf kantonaler Ebene.

Und natürlich auch in den Gemeinden. So ist es kaum noch ein Wunder, dass die Hälfte aller weltweiten Volksentscheide von Schweizern veranstaltet werden. Und dennoch, das tut der Spitzenstellung der Nation keinen Abbruch.

Unter der Dachmarke „Schweizerische Eidgenossenschaft" treten die Kantone seit 1848 auf der Weltbühne an und haben mit den Dingen, die weltweit als „swissmade" gelten, gemeinsam großen Erfolg. So großen gar, dass heute neben den 6 Millionen Schweizer Staatsbürgern noch 1,6 Millionen Nichtschweizer in der Schweiz leben und arbeiten. Gemeinsam haben sie es laut einer Studie des World Economic Forums auch 2009 wieder geschafft, den ersten Platz unter den wettbewerbsfähigsten Ländern der Erde zu belegen.

Die Schweiz in ein paar Zahlen im Vergleich zu Deutschland (Stand 12/2009): 183 Einwohner pro km², Deutschland: 231, Arbeitslosenquote 4 %, Deutschland: 7,5 %, Lebenserwartung der heute 40-Jährigen: 78 Jahre (Männer), 84 Jahre (Frauen), Deutschland: 76 Jahre (Männer), 82 Jahre (Frauen), Bruttosozialprodukt pro Einwohner: 43.600,- €, Deutschland 30.100,- €, Pro Kopf Einkommen (umgerechnet): 46.000,- €, Deutschland 42.000,- €.

Autobahnvignetten und Jodtabletten

Für Annett Winkler und ihren Mann war es sozusagen eine Rückkehr zu Freunden, als sie 2005 zum zweiten Mal in die Schweiz zogen. Dieses Mal war jedoch vieles einfacher und die Aufenthaltsdauer nicht mehr begrenzt. „Als wir 1999 zum ersten Mal in die Schweiz gingen, waren wir beide bei der Hilton-Hotelkette angestellt. Wir kamen aus Dresden und hatten unsere Ausbildungen gerade erst vor ein bzw. zwei Jahren abgeschlossen. Auslandserfahrungen sind im Hotelfach gern gesehen, deshalb nahmen wir die konzerninternen Transfermöglichkeiten gern in Anspruch. Mein Mann ist gelernter Koch, ich war damals in der Administration tätig. Für uns war klar, dass wir als Paar etwas Adäquates finden wollten, denn eine Fernbeziehung kam nicht in Frage. Das Hilton in Zürich kam da mit seinen Jobangeboten für uns wie gerufen", erinnert sich die damals 24-Jährige an den ersten Weg in die Schweiz. Die Formalitäten wurden weitgehend vom Arbeitgeber übernommen, so dass die Winklers sich lediglich um eine Wohnung und den Umzug kümmern mussten. „Ich erinnere mich gern an die große Hilfsbereitschaft

einer damaligen Hotelkollegin, die sich, ohne uns zu kennen, um unsere Wohnungssuche kümmerte und Besichtigungen für uns durchführte. Ihr haben wir unsere erste Wohnung in der Schweiz zu verdanken." Winklers gewöhnten sich schnell an die eingebauten Küchen, an Autobahnvignetten und an Arztabrechnungen, die man selbst bezahlt. „Kurios ist allerdings, dass die Häuser hier mit einem Luftschutzbunker ausgestattet sind und dass wir bei der Anmeldung unserer zweiten Wohnung auf der Gemeinde Jodtabletten ausgehändigt bekamen, für den Fall, dass es im einige Kilometer entfernten Atomkraftwerk zu einem Störfall kommt. Eine anfängliche Herausforderung für uns beim ersten Aufenthalt war die Sprachbarriere. Nicht alle Arbeitskollegen haben sich um ein langsames, verständliches Schweizerdeutsch bemüht. Dies ist sicherlich einer gewissen Abneigung dem Hochdeutschen gegenüber und dem ausgeprägten Nationalbewusstsein der Schweizer geschuldet", vermutet Annett Winkler. „Generell können wir mehrheitlich über positive Erfahrungen in der Anfangszeit in der Schweiz berichten, obwohl einem doch bewusst wird, dass man trotz der verbindenden Sprache, ähnlicher Kultur etc. doch ein Ausländer ist. Der Ausländerausweis, den man immer bei sich führen soll, ist dafür ein untrügliches Zeichen." Der erste Schweiz-Aufenthalt der Winklers war lange vor Inkrafttreten der bilateralen Abkommen und so ging es wegen der befristeten Arbeitserlaubnis nach 18 Monaten wieder zurück. Im Anschluss führten Jobangebot und -nachfrage die Winklers nach Mainz und Wien, wo sie ebenfalls für den Hilton-Konzern arbeiteten. Als die Kontingente für Ausländer aus EU-Staaten dann aufgehoben wurden und es keine zeitliche Aufenthaltsbegrenzung mehr für sie gab, liebäugelten die Winklers schon bald wieder mit der Schweiz. „Als es in Wien keine Weiterentwicklungsmöglichkeit mehr für mich gab, beschlossen wir, ernsthaft einen Weg zurück in die Schweiz zu suchen. Diesmal hatten wir mehr Gründe als nur den Job. Die positiven Erfahrungen beim ersten Mal, ein bereits bestehendes kleines soziales Netzwerk, das Wissen um eine bessere Lebensqualität durch hohen Freizeitwert und bessere Einkünfte – das alles machte uns die Entscheidung einfach, und auch ein dauerhafter Aufenthalt stellte nun kein Problem mehr dar."

Annett Winklers Bewerbung bei Triumph International in Bad Zurzach war auf Anhieb erfolgreich. Ihr Mann ging gemeinsam mit ihr von Wien in die Schweiz, wohl wissend, dass ihm als stellvertredendem Küchenchef gute Chancen auf eine baldige Anstellung gewiss waren. Mittlerweile ist Andreas Winkler Küchenchef in einem kleinen Hotel im Aargau, seine Frau ist die persönliche Assistentin des Inhabers von Triumph.

Privat und im Alltag machen Winklers ebenfalls positive Erfahrungen: „Die Schweiz ist ein recht multikulturelles Land. Die Schweizer sind im Allgemeinen unkompliziert, auch wenn Mentalitätsunterschiede festzustellen sind. Man begegnet uns positiv. Wir haben noch keine negativen Erfahrungen gemacht, die auf die Schweizer Nationalität zurückzuführen wären. Im Freundeskreis sind unsere besten Freunde Schweizer, auch

wenn das weitere Umfeld mehrheitlich von Deutschen geprägt ist. Die Schweizer sind auch ein sehr aktives Volk. Kurztrips im Land sind normal, ganze Familien auf Rollerblades sind nichts Ungewöhnliches. Und Skifahren wird den Schweizern in die Wiege gelegt. Besonders positiv fallen uns hier die Kinder auf, die stets sehr höflich sind. Begegnet man ihnen auf der Straße, wird man immer gegrüßt – das kann natürlich auch an der ländlichen Gegend liegen, in der wir wohnen." Neben dem angenehmen Alltag haben Annett und Andreas Winkler auch noch eine emotionale Bindung an die Schweiz. Sie haben im Jahr 2000 im Tessin geheiratet und erwarten im August ihr erstes Kind, welches voraussichtlich in Zürich zur Welt kommen wird.

„Aus heutiger Sicht spricht nichts für eine Rückkehr nach Deutschland. Wir sind privat und beruflich sehr gut integriert, fühlen uns wohl und genießen einen sehr hohen Lebensstandard. Der Lebensabend ist durch ein gutes Rentensystem abgesichert. Deutschland steht für uns gegenwärtig nicht zur Diskussion."

Eher leise als laut

Die beruflichen Perspektiven in seiner Heimatstadt Berlin schienen nicht mehr sehr viel versprechend. Grundsätzlich war deshalb auch das Ausland für Ralf Walter und seine Familie eine der Optionen. „Der Gedanke, in die Schweiz zu gehen, wurde dann durch Freunde initiiert, die ein Jahr vor uns dorthin ausgewandert sind. Sie wussten, dass ich auf der Suche nach einer neuen beruflichen Herausforderung war, und waren selbst so begeistert von der Schweiz, dass ich beschloss, mich dort zu bewerben", erinnert sich der promovierte Ingenieur. „Nach etwa einem halben Jahr hatte ich einen Vertrag und eine neue Stelle in Zürich, allerdings ohne so recht zu wissen, was da auf mich und meine Familie zukommen würde. Die ersten Monate waren sehr anstrengend, da ich am Montag von Berlin nach Zürich und am Freitag wieder zurückgeflogen bin. Damit war ich nicht mehr in Berlin zu Hause und noch nicht in Zürich."

Doch Walter lernte schnell, dass in der Schweiz einiges anders ist: „Mir ist sofort aufgefallen, wie die neuen Kollegen miteinander und mit mir umgegangen sind. Das Klima im Büro war viel wärmer als in Deutschland. Zwischenmenschliches spielte eine größere Rolle. Ich musste mich nicht über Haus-Auto-Yacht definieren, sondern konnte von meinen Kindern erzählen. Dennoch spürte ich da eine unsichtbare Grenze in der Annäherung: Man ist herzlich und freundschaftlich miteinander, aber es braucht viel Zeit, sich wirklich näher zu kommen."

2007 zog Ralf Walter dann mit seiner Frau und den beiden Kindern nach Luzern. Auch im Alltag setzte sich seine Beobachtung fort: „Man ist sehr höflich, aber eher zurückhaltend. Hinweise, beispielsweise zum eventuell zu früh hinausgestellten Müllsack an der Straße, erfolgen sehr diplomatisch. Aber es ist gut, sich auf die bedächtige Art der Schweizer einzulassen, ihnen die Möglichkeit zu geben, sich mitzuteilen, und dabei selbst nicht immer zu viel zu reden. Das wird hier sehr geschätzt."

Die Kinder der Walters haben sich mittlerweile ebenfalls eingelebt und sprechen Luzerner Dialekt. „Sie haben sich wunderbar integriert und fühlen sich hier wohl. Unser soziales Umfeld besteht überwiegend aus Schweizern und Ausländern anderer Nationen. Es sind kaum Deutsche darunter. Wir haben sehr guten Kontakt zu den Mitbewohnern in unserer kleinen Siedlung sowie zu einigen Eltern von Mitschülern unserer Kinder. Allerdings sind die Beziehungen eher locker. Viele Schweizer fragen auch nach nun knapp zwei Jahren immer noch, ob wir tatsächlich für immer in die Schweiz gekommen sind. Natürlich ist es immer ein wenig anmaßend, zu behaupten, dass man ‚nie wieder‘ zurückgehen wird. Das Leben ist schwer planbar. Aber wir haben schon vor, in der Schweiz, in Luzern, richtig alt zu werden.“

Das Thema der Staatsbürgerschaft wird möglicherweise für die Kinder einmal relevant werden. Ob Ralf Walter ein echter Schweizer werden will, weiß er heute noch nicht: „Es braucht ja auch eine Zeit, bevor man den entsprechenden Antrag stellen kann. Ob das für uns noch ein Thema wird, wird auch davon abhängen, wie sich Deutschland, die Schweiz und das Verhältnis der Länder zueinander entwickeln.“

Im menschlichen Umgang liegen die Schweiz und ihre Bewohner bei den Walters allerdings schon jetzt deutlich vorne: „Außergewöhnlich war und ist für uns die hohe Sozialkompetenz der Schweizer. Sie beginnt in der Schule mit den Selbsteinschätzungen der Primarschüler zu ihrem Verhalten, zeigt sich in der Nachbarschaftshilfe und im Sorgen füreinander. Tausend Kleinigkeiten fügen sich da zu einem sehr angenehmen Bild zusammen. Ich bin oft genug beruflich in Deutschland, um Unterschiede zu bemerken. Ob es die Achtung gegenüber Älteren (Aufstehen im Bus) oder auch die Unterstützung bei Kleinigkeiten ist – der Ton ist leise und freundschaftlich."

„Rollmops, Fischsalat und Nordsee"

Bei den Recherchen zu diesem Buch wurden die Interviewteilnehmer unter anderem auch gefragt, ob es etwas typisch „Deutsches" gebe, das ihnen in der Schweiz besonders fehle. Zugegeben, die Antworten haben mitunter überrascht. Hier eine Auswahl:

„Als Frau fehlen mir die deutschen Drogeriemärkte. Hier gibt es zwar auch hin und wieder mal eine Drogerie, aber zum Kosmetikshopping geht es doch meistens nach Konstanz. Deutsches Brot lasse ich mir gerne mal aus der alten Heimat mitbringen und auch ein paar Brotaufstriche aus dem Kühlregal. Und auf ein paar Speisen freue ich mich dann eben, wenn ich mal auf Heimatbesuch bin: Currywurst und Sauerbraten. Natürlich getrennt gegessen. Ansonsten fehlen mir ein wenig Spontaneität, Wortwitz und Ironieverständnis, aber man kann halt nicht alles haben."
Nadine Bertram, Zürich

„Die urbane Subkultur größerer deutscher Städte wie Berlin oder Hamburg."
Dr. Thomas Grützner, Brig

„Brot, Brot, Brot!"
Edgar Habich, Kt. Aargau

„Richtig gutes Vollkornbrot"
Maren Krueger, Zürich

„Da ich ein verfressener Mensch bin, fehlen mir eine bestimmte Sorte Kartoffelchips und Würste im Allgemeinen. Würste können die Schweizer nicht. Immerhin gibt es jetzt importierte Nürnberger Grillwürste zu kaufen. Das Schweizer Bier kann ich auch nicht trinken – aber ich bin ohnehin Guinness-Fan und Pubs gibt es hier überall."
Peter Zech, Zug

„Mir fehlen Rollmöpse, Fischsalate und die Nordsee, und meinem Freund fehlt dunkles Hefeweizen."
Silke Loeffler, Selzach

„Vernünftiges Puddingpulver!"
Romy Steinhäuser, Luzern

„Was es in der Schweiz wenig gibt und in Deutschland an jeder Ecke, sind die Eisdielen, sobald es wärmer wird. Davon dürfte es nach meinem Geschmack ruhig ein paar mehr geben in der Schweiz."
Frank Barner, Zürcher Oberland

„Etwas ‚Deutsches' zu vermissen, das ist in Basel schwer, da man in fünf Minuten in Deutschland ist. Und sobald ich meine Kühlschranktür öffne, lachen mich fast ausschließlich Produkte aus dem deutschen Lebendmitteldiscounter an. Hier bekäme ich auch deutsches Bier her, das ist mir aber meistens zu umständlich. Was mir in der Schweiz stark aufgefallen ist: dass wir Deutschen doch alle ziemlich pedantisch und kleinlich sind, und das vermisse ich nun wirklich nicht. Ich genieße die lockere, lässige Lebensweise hier. Dann steht man halt auch mal ein paar Minuten länger an der Kasse."
Arndt Arns, Basel

„Ich muss ehrlich sagen, dass es mich selbst nervt, wenn im Ausland lebende Deutsche (ganz gleich ob in der Schweiz oder Spanien oder sonstwo auf der Welt) sich darüber beklagen, was doch in Deutschland alles besser sei. Wenn es denn wirklich so ist, dann hätte ich ja auch dort bleiben können, wo ich hergekommen bin. Ich habe zwischenzeitlich viele Schweizer Produkte kennen und lieben gelernt, allem voran den Schweizer Käse, speziell den aus der kleinen Käserei hier fünf Minuten von meiner Arbeitsstelle entfernt."
Heiko Blumentritt, Grub

„Spontane, lustige Wortwechsel mit Personen, die man gar nicht kennt."
Urte Sabelus, Zürich

„Deutsches Bier fehlt mir nicht. Es gibt auch hier leckere Sachen, z. B. das Appenzeller Bier. Aber eines vermisse ich, das ist typisch deutsches Brot, z. B. Schwarzwälder. Doch stellen wir die Frage mal anders. ‚Ein

Ticket für alles' – das gibt es in Deutschland nicht. In Berlin kann ich eben die Ausflugsschiffe nicht mit dem Ticket der BVG nutzen. Überhaupt der öffentliche Verkehr. Hier sind die Schweizer echt ‚bahnsinnig'."
Fred Apostel, Zürich

„Mir fehlt die Selbstverständlichkeit, mit der man einfach bei jemandem vorbeikommen kann, ohne vorher einen Termin abgemacht haben zu müssen. Das Bier ist so schlecht, dass es hier erwähnt werden darf. Der Ehrlichkeit halber sei aber gesagt: Die hiesige Weinkultur ist unserer Norddeutschen weit voraus!"
Anne-Carolin Hopmann, Zürich

„Die Schweiz ist zwar klein, aber es gibt hier alles, was man sich wünschen kann. Das Einzige, was mir in der Schweiz wirklich fehlt, ist das Meer. Wohl der einzige Grund, aus dem ich dieses Land ab und an verlasse."
Roger Fromm, Kloten

Von Kunden und Dienstleistern

Große Unterschiede scheint es zwischen der eigenen Wahrnehmung deutscher Behörden und dem Selbstverständnis von Schweizer Ämtern zu geben. In Deutschland sind Behördengänge oft langwierig, umständlich und nervend. Als Bürger bekommt man nicht selten das Gefühl vermittelt, ein Bittsteller zu sein oder gar unlautere Absichten zu verfolgen, egal ob Straßenverkehrsamt, Steuerbehörde oder Einwohnermeldeamt. Formulare sind in Deutschland wichtiger als bürgernahe Lösungen. In der Schweiz dagegen scheint es so zu sein, dass zuerst der Bürger kommt und dann die Bürokratie. Hier ein paar Stimmen dazu: „Bemerkenswert ist für mich von Anfang an die Kompetenz der Behörden gewesen, mit denen ich zu tun hatte: egal, ob Einwohnerkontrolle, Straßenverkehrsamt oder Steuerbehörde. Eine Antwort: ‚Dafür bin ich nicht zuständig‘ habe ich nicht gehört. Und es gab für mich bislang auch nirgends lange Wartezeiten – weder bei Behörden, noch beim Arzt. Alles wirkt sehr effizient organisiert."
Dr. Ralf Walter, Luzern

„In den ersten Monaten war ich besonders von der Organisation des Gemeinwesens schwer beeindruckt. Die Gemeinde nimmt ihre Bürger – und darunter subsumiere ich auch die Ausländer – als Kunden wahr und sich selbst als Dienstleister. Dieser Umgang steht in einem krassen Kontext zu den Erfahrungen, die ich in Deutschland gesammelt habe. Und auch nach sechs Jahren begeistert mich dieser Umstand immer wieder aufs Neue."
Jürgen Winandi, Kreuzlingen

„Im Umgang mit den Ämtern erfuhr ich, dass die Schweizer Behörden längst nicht so gesetzesunterwürfig sind wie die Deutschen. Bei vielen Problemen wird gemeinsam nach einer vernünftigen Lösung gesucht, anstatt Macht zu demonstrieren."
Sebastian Breuer, Zürich

„Bei jedem Behördengang ist es für mich immer wieder ein Vergnügen, wie man als Kunde und nicht als Bittsteller behandelt wird. Wenn man dann an deutschen Grenzen oder Flughäfen ankommt und dort muffige Beamte sieht, will man am liebsten auf dem Absatz kehrt machen!"
Andreas Cronenberg, Kt. Tessin

„Hilfreich und kooperativ finde ich die Behörden, die anders als in Deutschland nicht davon ausgehen, dass der Bürger sie übervorteilen will."
Uwe Diesselmeier, Schaffhausen

„Ich habe ein Ticket wegen Geschwindigkeitsübertretung erhalten (1 km/h zu viel und 40 CHF). Ich war mir sicher dass ich nicht zu schnell war, habe es aber bezahlt. Drei Wochen später steht in der Zeitung, dass es an genau diesem Radargerät zu Fehlmessungen gekommen sei. Genau an demselben Tag habe ich die von mir bezahlte Geldstrafe direkt wieder auf mein Konto von der Stadt Zürich zurücküberwiesen bekommen. Darüber war ich doch sehr erstaunt, in Deutschland wohl undenkbar."
Björn Bode, Zürich

„Es gibt Dinge, die einen Deutschen überraschen. Das Auto anmelden z. B. ist eine einfache und unkomplizierte Sache hier. Versicherungsnachweis und Fahrzeugausweis an das Straßenverkehrsamt schicken und zwei Tage später die Schilder bei der Post abholen und ans Auto stecken, das

war's. Einzahlungsschein zur Bezahlung liegt der Sendung auch noch bei."
Heiko Blumentritt, Balgach

„Ich habe mir anfangs öfter die Augen gerieben und gedacht: ‚Hallo, war ich gerade auf einem AMT?' Alle waren freundlich, nett und zuvorkommend. Und auch wenn ich über die Straße ging, grüßten mich die Leute hier. Das war ich nicht gewöhnt. Als ich dann ‚angesteckt' war, grüßte ich auch und sah in völlig verständnislose Augen. Es war an einer Tankstelle. Ich schaute auf das Kennzeichen des Verständnislosen und es war klar... Dem Deutschen ging es genauso wie mir zuvor. ‚Den kenne ich nicht, wieso grüßt der mich?'"
Steffen Hocker, Kt. Schaffhausen

„Ein Bier ist o. k."

Ein weiterer Punkt der Interviews war die Frage, woran man sich als Deutscher in der Schweiz nur schwer gewöhnen kann.

„Die Ladenöffnungszeiten sind gewöhnungsbedürftig. Dass es Supermärkte gibt, die über Mittag geschlossen haben, finde ich seltsam. Ebenfalls den gängigen Ladenschluss um 18.30 unter der Woche, samstags meist noch früher. Das Tempolimit auf den Autobahnen und, dass man für fast alles eine Vignette braucht, für Autobahn, Müll, Sperrgut, Velo und sogar für die Fasnacht ist ebenfalls ungewohnt. Und der Umgang der einzelnen Verkehrsteilnehmer untereinander hat sicherlich etwas Mediterranes."
Arndt-Christian Arns, Basel

„Hier muss ich doch etwas länger überlegen. Wobei ich ‚überhaupt nichts' nicht sagen würde. Sicher wäre etwas mehr Offenherzigkeit schön, aber in Deutschland ist die Situation auch nicht anders, wenn man in eine Stadt

zieht, in der man niemanden kennt. Das ‚Altpapierpäckli‘ schnüren finde ich sehr lästig und auch nicht unbedingt die beste Methode, um Papier zu entsorgen. Und bei dem einen oder anderen Preis muss ich auch heute noch schlucken. Man verdient natürlich mehr als in Deutschland, aber die Mietpreise sind dennoch manchmal Schwindel erregend."
Nadine Bertram, Zürich

„An die Fahrweise der Schweizer. Man bleibt einfach auf der linken Spur. Autofahren mit deutschem Kennzeichen ist hier nicht sehr prickelnd."
Melanie Knobelspies, Zürich

„120 auf der Autobahn."
Jan-Henrik Tiedemann, Genf

„An das Verkehrsplakat ‚Ein Bier ist o. k.‘"
Silke Loeffler, Selzach

„Es gibt für mich nichts, was wirklich gewöhnungsbedürftig ist. Außer vielleicht die sehr hohen Bußen auch schon bei kleinen Verkehrsverstößen."
Frank Barner, Zürcher Oberland

„An den übertriebenen Hang der Schweizer zu extrem hoch motorisierten Autos – bei 120 km/h Geschwindigkeitslimit!"
Dr. Jörn Birkel, Chur

Festnetz, Mobil und Internet günstig aus einer Hand?

Ganz einfach.
Mit Sunrise Free Internet.

Infos und Anmeldung unter
sunrise.ch/freeinternet oder in
Ihrem Sunrise center.

Auf vielen Pfaden zum Ziel – Bildungswege in der Schweiz

26 Kantone mit über 2.500 Gemeinden, viele davon mit speziellen Eigenarten im Schulsystem, dazu die unterschiedlichsten Möglichkeiten, den Weg von der Vorschule bis zum Master-Diplom zu gehen, und zu diesem Spagat auch noch die Anpassung an globale Klassifizierungen wie Bachelor und Master – unglaublich, aber das funktioniert – meistens.

Vorschule/Kindergarten

„Es gibt verschiedene Möglichkeiten, die Kinder betreuen zu lassen: Tagesfamilie, Krippe, Spielgruppen, Kinderhort. Jedes Kind hat die Möglichkeit, vor der obligatorischen Schule während ein bis zwei Jahren den Kindergarten zu besuchen. Der Kindergarten ist unentgeltlich. Die Gemeinden stellen sicher, dass das Kind den Kindergarten seines Wohnortes besuchen kann oder aber denjenigen, welcher dem Wohnort am nächsten liegt. Für die Einschreibung sind Fristen zu beachten. Die Gemeinde informiert über die Formalitäten und die Anmeldung." So kann man es auf der offiziellen Seite der Schweizer Bundesbehörden www.ch.ch nachlesen.

Doch nicht nur in Deutschland muss man in Sachen Vorschulbetreuung mit einer Kluft zwischen politischem Anspruch und praktischem Alltag leben. Auch in der Schweiz passen politischer Wille und die Realität nicht immer zusammen. Nicht jedes Kind kommt in einem von der Gemeinde betriebenen Hort unter, denn es gibt nicht genügend Plätze. Und wenn es einen Platz bekommt, dann sind die Öffnungszeiten der Horte meist das nächste Hindernis für das berufstätige Elternpaar oder den allein erziehenden Elternteil. Private Einrichtungen sind eine Möglichkeit, kosten aber relativ viel Geld. Es scheint, als sei es in der Schweiz üblich, dass Kleinkinder hauptsächlich in der Familie betreut werden. Eine frühzeitige Kontaktaufnahme mit der Gemeinde ist im Bedarfsfall also dringend angeraten.

Primarstufe/Sekundarstufe I

„Die Besonderheit des Schweizerischen Bildungssystems ist seine Uneinheitlichkeit, da jeder der 26 Kantone in eigener Hoheit darüber entscheidet." So ist es zu lesen auf www.eures.eu – dem Migrationsportal der Europäischen Union. Doch das muss niemanden stören, solange er nicht regelmäßig innerhalb der Schweiz umzieht.

Der Aufbau des Schweizer Schuljahres ähnelt dem deutschen. Es ist in zwei Halbjahre/Semester unterteilt. Die Ferien sind Kantonssache, wie bei den Bundesländern in Deutschland. Das neue Schuljahr beginnt im August/September und endet im Juni des darauffolgenden Jahres. Die Schüler haben etwa 12 Wochen Schulferien im Jahr.

Die Unterrichtssprache ist je nach Sprachgebiet Deutsch, Französisch, Italienisch oder Rätoromanisch. Aufgrund der Vielsprachigkeit der Schweiz erhalten alle Schülerinnen und Schüler Unterricht in mindestens zwei anderen Sprachen. In der Regel sind das eine zweite Landessprache und Englisch.
Zugezogene Kinder und Jugendliche aus dem Ausland werden wie alle anderen Kinder eingeschult. Je nach Situation werden sie direkt in die entsprechende Klasse oder aber in eine Eingliederungsklasse integriert, in der sie zunächst die lokale Landessprache lernen.

In allen Kantonen besteht obligatorische Schulpflicht über neun Schuljahre. Die Kinder werden nach Vollendung des sechsten Lebensjahres eingeschult. Die ersten sechs Schuljahre absolvieren sie an der Primarschule, vergleichbar mit der deutschen Grundschule. Im Anschluss werden die Schüler für weitere drei Jahre in der Sekundarstufe I unterrichtet. Hier zeigt sich Schweizer Vielfalt allerdings in ihrer vollen Ausprägung, wie man am Beispiel des Kantons Zürich sehen kann. Zum Zürcher Schulwesen findet man auf der Webseite des Kantons Zürich das Folgende: „Die meisten Kinder wechseln nach der Primarschule prüfungsfrei in die dreijährige Sekundarschule. Die Gemeinden bzw. Schulkreise haben dabei die Wahl aus zwei Organisationsformen, die Dreiteilige oder die Gegliederte Sekundarschule. Die Dreiteilige Sekundarschule umfasst die Abteilungen A, B und C, die auf unterschiedlichen Anforderungsstufen geführt werden. A ist die anspruchsvollste Stufe. Die Schulkreise Uto, Letzi, Waidberg, Zürichberg, Glattal und Schwamendingen führen eine dreiteilige Sekundarschule. An der Gegliederten Sekundarschule werden Stammklassen und Niveaugruppen gebildet. Dieses Modell führt in der Stadt Zürich nur der Schulkreis Limmattal. Die Oberstufenschule K+S steht musikalisch, tänzerisch oder sportlich besonders begabten Jugendlichen offen.

Nach einer bestandenen Aufnahmeprüfung besteht nach der sechste Klasse der Primarschule auch die Möglichkeit in die Unterstufe des Gymnasiums einzutreten. Das sogenante Langzeitgymnasium (sechs Jahre) wird in der Stadt Zürich an den Kantonsschulen Rämibühl (Real- und Literargymnasium), Hohe Promenade, Freudenberg, Wiedikon und Oerlikon angeboten."

Diese Vielzahl an möglichen Wegen durch die Mittelschule ist kein kantonaler Unfall, sondern eher beispielhaft für die Schweiz. Es ist also ratsam, sich möglichst früh über die Möglichkeiten am Wohnort zu informieren.

Die Sekundarstufe II

Im Anschluss an die Sekundarstufe I gibt es für die Schüler in der Schweiz natürlich auch wieder mehrere Möglichkeiten, die dem deutschen System ähneln: Zum einen können sie eine berufliche Grundausbildung absolvieren und mit deren Abschluss entweder direkt in den Beruf einsteigen oder eine höhere Fachschule besuchen, um sich beruflich weiter zu qualifizieren. Zum Anderen können sie die drei- bis vierjährige Sekundarstufe II an einer Maturitätsschule (Gymnasium) besuchen und mit 18 oder 19 Jahren die Matura (Abitur) ablegen, um danach an einer Fach- oder Hochschule zu studieren.

Etwa ein Drittel der Schüler wählt die Maturitätsschule (Gymnasium). Die Voraussetzungen für die Aufnahme dort sind natürlich wieder in den Kantonen unterschiedlich. In mehr als der Hälfte von ihnen kann der Übertritt ans Gymnasium bei sehr guten Leistungen auf der Sekundarstufe I ohne Aufnahmeprüfung erfolgen. In den anderen Kantonen wird eine schriftliche und mündliche Aufnahmeprüfung durchgeführt. Das erste Semester gilt als Probezeit. Unterrichtet werden Schweizweit einheitlich sieben Grundlagenfächer, ein Schwerpunktfach und ein Ergänzungsfach.

Eine Besonderheit hat das Schweizer Schulsystem allerdings noch: Es gibt auch dort Noten von eins bis sechs. Doch anders als in Deutschland bedeutet eine sechs nicht, dass man ein ernstes Gespräch mit den Kleinen führen sollte, sondern dass die Sprösslinge zu den Klassenbesten gehören. Auch Albert Einstein hatte eine Fünf in Mathe. Der Journalist, der daraus eine Meldung machte, hatte jedoch übersehen, dass in der Schweiz die Sechs die beste Note ist und „sehr gut" bedeutet, die Eins dagegen dem deutschen „ungenügend" entspricht. Freuen Sie sich also, wenn der Filius Fünfen und Sechsen nach Hause bringt!

Die berufliche Ausbildung nach der Sekundarstufe I wird von zwei Drittel der Absolventen gewählt. Auch hier führen mehrere Wege zum Ziel.

In einer zweijährigen Grundbildung können die Auszubildenden ein eidgenössisches Berufsattest erlangen. Sie gelten dann als „angelehrt".

Fachmittelschulen hingegen bereiten durch ihre Ausrichtung auf bestimmte Berufsfelder auf die Berufsbildung, höhere Fachschulen sowie Fachhochschulen vor. Neben allgemeinbildendem Unterricht werden berufsspezifische Grundkenntnisse vermittelt. Die Ausbildung an der Fachmittelschule dauert im Schnitt drei Jahre und schließt mit einem Fachmittelschulabschluss oder der Fachmaturität ab. Die Aufnahmebedingungen sind kantonal geregelt.

Die Berufsausbildung, die am ehesten mit der Ausbildung in einem Lehrberuf in Deutschland vergleichbar ist, ist die drei- bis vierjährige Grundbildung. Sie wird mit dem eidgenössischen Fähigkeitszeugnis abgeschlossen und bereitet umfassend auf die Ausübung eines Berufs vor. Zur Auswahl stehen in der Schweiz etwa 200 Lehrberufe. Die Ausbildung erfolgt wie in Deutschland sowohl im Lehrbetrieb als auch in der Berufschule. Daneben gibt es in der Schweiz auch schulische Vollzeitangebote wie etwa Lehrwerkstätten oder Informatikschulen, die komplette Grundbildungen anbieten.

Als Weg zwischen Grundbildung und Studium wird in der Schweiz die Berufsmaturität angeboten. Sie ergänzt die berufliche Grundbildung und kann während oder nach der Berufsausbildung absolviert werden.

Die Fachhochschulen in der Schweiz

Praxisorientierte Lehranstalten auf Hochschulniveau sind die Fachhochschulen in der Schweiz. In einer Vielzahl von Studiengängen wird auf das Berufsleben vorbereitet. Es gibt sechs öffentliche Institute in der Schweiz, fünf davon sind deutschsprachig. Alle Fachhochschulen bieten ihre Studiengänge mittlerweile zweistufig an: Die erste Stufe schließt mit Bachelor-Diplom, die zweite mit Master-Diplom ab. Bei einem Vollzeitstudium dauert der Bachelorstudiengang in der Regel drei, der Masterstudiengang noch einmal eineinhalb bis zwei Jahre. Die Zulassung zum Master-Studium setzt einen Bachelor-Abschluss oder einen gleichwertigen Hochschulabschluss voraus.

Hohes Niveau hat seinen Preis

Der Beruf war auch bei Elisabeth Bindemann und ihrem Partner ausschlaggebend für den Weg in die Schweiz. Im Sommer 2008 ist sie ihrem
Mann mit den beiden 10- und 13-jährigen Kindern in die Schweiz ge-
folgt. Der hatte bereits ein Jahr zuvor seine Stelle bei einer Bank in Zürich
angetreten. „Den Familiennachzug hatten wir beschlossen, nachdem klar
war, dass es meinem Mann sowohl von der Arbeit als auch von den Lebensbedingungen in Zürich sehr gut gefiel", erinnert sich die 42-Jährige.

In der Folge bewarb sie sich über das Internet auf Jobangebote in der
Züricher Gegend und schaltete auch eine Personalvermittlung ein. „Ich
habe von der Firma sehr gute Angebote erhalten. Allerdings hat eine
meiner zeitgleichen Online-Bewerbungen schließlich das Stellenangebot
nach sich gezogen."

Bindemann, die in Deutschland als Business Analyst freiberuflich
im Bankensektor tätig war, fand sofort eine Anstellung in ihrem Metier.
Seither arbeitet sie im IT-Bereich einer Schweizer Bank. „Ich bekam ein
gutes Einführungsprogramm. Die Kollegen sind sehr freundlich. Mir fällt

aber vor allem auf, dass der Arbeitsalltag hier nicht so hektisch ist wie in Deutschland. Respekt und gegenseitige Wertschätzung haben wesentlich mehr Bedeutung", beschreibt die Deutsche ihr heutiges berufliches Umfeld, das sich stark unterscheidet vom ehemaligen Frankfurter Geschäftsalltag.

Den größten Unterscheid zwischen altem und neuem Leben sieht die Mutter von zwei schulpflichtigen Kindern jedoch im Alltag ihrer Söhne. Das Schweizer Schulsystem ist erheblich anders als das Deutsche. „Ich denke, den Kinder fiel das Einleben schwerer als uns Erwachsenen. Die Freizeitmöglichkeiten, mit den Bergen im Winter und den Seen im Sommer, sind zwar toll, aber der Nachmittagsunterricht nervt sie furchtbar – daran werden sie sich wohl nie wirklich gewöhnen können. In Deutschland ist um 13 Uhr Schulschluss, der Nachmittag steht zur freien Verfügung. Hier gibt es eine Mittagspause und danach geht es weiter. Draußen ist ein Treffen nach der Schule im Winter nicht möglich, denn dann ist es schon dunkel. Das erschwert natürlich das Schließen von Freundschaften. Die Schweizer begegnen uns sehr freundlich. Bezeichnend finde ich hier die Reaktion der Eltern eines Schulfreundes meines Sohnes. Nachdem der Filius am Wochenende bei uns übernachtet hatte, ließen sie uns eine große Schachtel Lindt-Pralinen und eine Grußkarte zukommen, als Dank für unsere Gastfreundschaft", beschreibt Frau Bindemann ihre Eindrücke.

Schüler in der Schweiz haben nur wenig Raum für Hobbys. „Der Große hat die Probezeit in der Kantonsschule – dem Schweizer Gymnasium – überstanden, aber er hat fast keine Freizeit mehr. Der Fokus im Unterricht liegt eindeutig bei den schriftlichen Arbeiten. Mündliche Mitarbeit zählt an Schweizer Schulen wenig. Das Niveau ist wesentlich höher als in Deutschland. Bedingt durch den Nachmittagsunterricht, die täglichen zwei Stunden Hausaufgaben und das Vorbereiten auf Klausuren bleiben kaum Möglichkeiten, Sport auszuüben oder sich mit Freunden zu treffen." Doch das Schulsystem der Eidgenossen hat auch angenehme Seiten. „Es wird bereits in der Primärschule viel Wert auf eine positive Arbeitseinstellung gelegt. Ordnung ist hier ebenfalls kein Fremdwort. Die Kinder werden sehr gut betreut und die Lehrkräfte geben sich wirklich Mühe. Von der Stadt erhält unser Jüngster, der unter Legasthenie leidet, eine spezielle Therapie, die in den Stundenplan integriert ist."

Ob's am Schulsystem liegt oder an der Bergluft, Elisabeth Bindemann fällt auf: „Die Menschen in der Schweiz scheinen mir fitter zu sein als in

Deutschland. Unsere Nachbarin von Gegenüber ist 90 Jahre alt und top-fit. Sie geht noch selber einkaufen und ist sehr gesprächig. Im Bus habe ich einen Schweizer getroffen, der auf dem Weg zu einem Computerkurs war. Er war 82 Jahre alt und ebenfalls topfit. Ich weiß zwar nicht, ob man das verallgemeinern kann, für mich ist es aber schon auffällig." Wo die Bindemanns den eigenen Lebensabend verbringen werden, wissen sie noch nicht. „Unser Einfamilienhaus in Deutschland haben wir verkauft. Wir planen aktuell, bis zur Rente in der Schweiz zu bleiben. Was dann kommt, wird sich zeigen. Eine Rückkehr nach Deutschland planen wir aber nicht."

Zur falschen Zeit gewechselt

Dass es vom Zeitpunkt abhängen kann, ob der Wechsel von einem in das andere Land schwierig wird, diese Erfahrung machten Jutta Fleischmann und ihr Sohn, als sie in die Schweiz zogen. Als Marketing Koordinatorin wechselte die Deutsche damals von einer Firma in den französischen Alpen zu einem Unternehmen in der deutschsprachigen Schweiz. Die allein erziehende Mutter hatte zuvor 20 Jahre in Frankreich gelebt. 2001 folgte sie einem Angebot nach Zug, da es in der alte Firma keine weitere Karrieremöglichkeit mehr gab. Ihr Sohn hatte damals die fünf Grundschulklassen und bereits die erste Klasse des Collége, der in Frankreich üblichen weiterführenden Schule, absolviert. Theoretisch wäre er also in die 7. Schulklasse des Schweizer Schulsystems einzuordnen. Das wäre die erste Klasse einer der weiterführenden Schulen, die sich an die sechsjährige Primärstufe der Schweiz anschließen. „In den Vorgesprächen mit der Schulleitung kamen wir aber zu dem Schluss, dass eine Rückversetzung in die letzte Primärklasse ratsam wäre. Das sollte meinem Sohn die Möglichkeit geben, einiges an Schweizer Grundschulstoff, der ihm natürlich fehlte, aufzuholen und sich so auf die Sekundarstufe vorzubereiten."

Was die Mutter nicht wusste, war, dass das letzte Jahr der Primarstufe dazu dient, die Schüler nach ihren Leistungen für die dreigliedrigen weiterführenden Schulen zu selektieren. Sie wusste auch nicht, dass dafür nur etwa drei Monate Zeit blieben. Das Schuljahr begann im August, die Empfehlungen wurden im Dezember ausgesprochen. Ihr Sohn hatte also zu diesem Zeitpunkt wirklich schlechte Startbedingungen.

Jutta Fleischmann erinnert sich: „Der Leistungs- und Anpassungsdruck war erheblich, sodass kein Raum für eine Eingewöhnung blieb. Zu so einer Eingewöhnung gehört in der Schweiz natürlich auch das Lernen von Schwizerdütsch. Er konnte am Anfang nur Hochdeutsch, was Schweizer wohl nicht gerne sprechen oder hören. Auch nicht die Kinder. Auch ist der Unterrichtsstil anders, mehr auf selbstständiges Arbeiten ausgelegt, in Frankreich war noch der klassische Frontalunterricht angesagt. Die Klasse war schon seit fünf Jahren eingespielt, ausschließlich Schweizer aus eher vermögenden Familien, ohne Migranten oder Migrationshintergrund. Nach meinem Empfinden fehlte es an psychologischem

Einfühlungsvermögen für diese spezielle Situation, beim Lehrer und der Schulleitung. Erst nach eindringlichen Diskussionen wurde die Abgabe der Empfehlung für meinen Sohn auf das Frühjahr verschoben."

Aus all diesen Umständen heraus wurde Jutta Fleischmanns Sohn zunehmend unsicher – und litt schließlich unter Mobbing durch die Klasse. Er fehlte letztlich fast 30 Tage während seines ersten Schweizer Schulhalbjahres. Fleischmann suchte Hilfe bei einer Kinderpsychologin in Zug. „Doch auch ein Gespräch mit der Schulleitung im Beisein der Fachärztin endete mit dem Ergebnis, dass die Probleme wohl in der Familie lägen, die Schule hatte nach ihrer Auffassung alles richtig gemacht. Ich hatte zeitweise das Gefühl als Alleinerziehende und voll Berufstätige als Rabenmutter zu gelten. Sein Kind allein zu erziehen und dabei dennoch berufstätig zu sein, das ist in Frankreich ein völlig normales Bild und kann gut miteinander vereinbart werden. In der Deutsch-Schweiz zählt überwiegend das traditionelle Rollenbild von der Mutter zu Hause, auch wenn sie allein erziehend ist."

Nachdem es in der Schule nicht weiter ging, zog Fleischmann die Notbremse. Sie fand eine kleine Privatschule in der Nähe von Luzern: „Eine Lehrerin unterrichtete sechs Kinder unterschiedlicher Klassenstufen individuell nach Lernmodulen, angepasst auf den Wissensstand. Nach einigen Schnuppertagen habe ich meinen Sohn dort angemeldet und er konnte entspannt wieder zu sich selbst finden." Nachdem der Filius nun im zweiten Halbjahr der sechsten Klasse stark aufholen konnte, sollte er in die Oberstufe am Wohnort der Fleischmanns wechseln. Doch auch das ging dann nicht einfach so. „Man verweigerte uns die Aufnahme da er die letzten Monate in einem anderen Kanton verbracht hatte. Es wäre nur mit einer bestandenen Aufnahmeprüfung möglich, ihn hier anzunehmen. Mein Gefühl sagte mir, dass diese Schule wohl weiterhin ein Problem sein würde und auch ein Wechsel in eine andere öffentliche Schule wohl kompliziert. Wir entschieden uns deshalb für die Rudolf-Steiner-Schule. Auch hier war die Schulzeit nicht ungetrübt, aber es war möglich, die Probleme mit Lehrern und Eltern zu besprechen und vor allem daran zu arbeiten. Als ihm in der neunten Klasse ein Lehrer die Chance gab, beim Abschlusstheater die Hauptrolle zu spielen, platzte der Knoten endgültig."

Was war Fehler, was Ursache? Unwissenheit? Ergeht es z. B. Schweizer Kindern aus dem Ticino bei solch einem Wechsel in die deutschsprachige Schweiz genauso? „Ich glaube nicht, dass eine Privatschule immer auch eine gute Schule ist. So wie eine öffentliche Schule keine schlechte sein muss. Es hängt mit Personen, Lehrern und Eltern zusammen. Viele Kinder erleben solche Wechsel ohne Hürden. Bei uns kamen leider viele Faktoren unglücklich zusammen." Mittlerweile hat Sohn Fleischmann an der Rudolf-Steiner-Schule seine Oberstufe abgeschlossen und wechselte nach der 9. Klasse auf die Atelier-Schule in Zürich. Dort hat er in diesem Sommer sein Schweizer Abitur erfolgreich abgelegt. „Und", lacht Jutta Fleischmann, „Schwizerdütsch kann er mittlerweile auch!"

Privat – nicht elitär

Nicht immer kommen Familien in die Schweiz, um länger zu bleiben. Bei vielen ist das Land nur eine weitere Station auf einer globalen Reise, die von der Karriere vorgegeben wird. Dennoch müssen die Entwicklungen der Kinder weitergeführt und Schulausbildungen verzahnt werden. Internationale Schulen sind deshalb auch in der Schweiz gut besucht. Der Lehrplan des jeweiligen Kantons ist an diesen Schulen nicht das Maß der Dinge. Ein gutes Dutzend von ihnen ist international akkreditiert. Das bedeutet, dass die Schüler dort mit dem International Baccalaureate (IB) oder in manchen Fällen alternativ mit dem Advanced Placement Programm des US College Board abschließen können.

Urte Sabelus arbeitet als Medienverantwortliche an der Zurich International School (ZIS), die zu den größten Instituten in der Schweiz gehört. „Unsere etwa 1.300 Schülern stammen aus über 40 Nationen. Der Hauptanteil liegt bei Amerikanern und Briten mit zusammen 40 %. 12 % haben einen Schweizer Pass und etwa 10 % der Schüler sind Deutsche. Eltern wählen eine internationale Schule, wenn sie nur auf Zeit in der Schweiz sind. Die Abschlüsse hier gelten weltweit als Qualifikation für ein Hochschulstudium und natürlich auch in der Schweiz."

Die Erziehung der Schüler zu selbständig denkenden „Global Citizens" ist ein Ziel der ZIS. Die Unterrichtssprache ist Englisch. „In den gängigen Unterrichtsfächern gibt es auf allen Schulstufen viel Projekt- und Teamarbeit. Ab der sechsten Klasse bekommt jeder Schüler seinen eigenen Laptop, auf dem er im Unterricht und zuhause arbeitet, recherchiert und kommuniziert. Ab der 11. Klasse absolvieren die Schüler entweder das International Baccalaureate (IB) oder das Programm des US College Board. Sie sind in diesen letzten beiden Schuljahren auch verpflichtet, sich in sozialen oder kreativen Projekten außerhalb der Unterrichtszeit zu engagieren. Das ist Voraussetzung für die Zulassung zu den Abschlussprüfungen", so Sabelus.

Die Zurich International School ist kein Internat. Die einzelnen Stufen sind auf verschiedene Standorte verteilt. Vorschule, Kindergarten, Primärstufe, Mittel- und Oberstufe befinden sich rund um Zürich sowie in der Stadt Baden im Kanton Aargau. Für den Besuch der Schule gibt es derzeit Wartelisten wie bei vielen internationalen Schulen. „Kinder werden in jeder Stufe aufgenommen, vorausgesetzt, wir haben freie Plätze. Besondere Englischkenntnisse werden bis zur achten Klasse nicht erwartet, die Schüler erhalten bei Bedarf zusätzlichen Englischunterricht. Wegen der Wartelisten müssen wir bestimmte Kriterien für die Neuaufnahme eines Schülers anlegen. Vorteilhaft ist etwa, wenn schon Geschwister an unserer Schule sind", erläutert Sabelus. Auch ob ein Arbeitgeber der Eltern der ZIS verbunden ist, die von einer Stiftung getragen wird, beeinflusst die Auswahl. „Das Wichtigste ist jedoch, ob die ZIS den Bedürfnissen der Schüler entspricht und umgekehrt. Das klären wir im Gespräch mit Eltern und Schülern im Vorfeld ab. Ein Eignungstest wird an unserer Schule jedoch nicht verlangt", versichert Sabelus.

Der Unterricht an der ZIS beginnt um 8:50 Uhr und endet in der Regel kurz vor 16:00 Uhr. In kleinen Gruppen treffen sich die Oberstufenschüler, deren Unterricht ansonsten aus Wahlfächern besteht, täglich im „Homeroom" mit einem Lehrer als feste Bezugsperson. Maximal 20 Schüler besuchen eine Klasse. „Die jährlichen Schulgebühren liegen zwischen 19.000 CHF für die Vorschule und etwa 33.000 CHF für die Oberstufe. Außerdem wird es gern gesehen, wenn sich die Eltern im Schulbetrieb engagieren, z. B. indem sie in der Grundstufe in die Schule kommen und von eigenen religiösen Festen und Bräuchen erzählen oder mit den Kindern backen. Dabei erfahren die Kinder viel über andere Kulturen, z. B. über das indische Diwali oder das jüdische Lichterfest, oder sie backen Schweizer ‚Grittibänze'", weiß Urte Sabelus, die die Schule auf keinen Fall elitär nennen würde: „Die Schülerschaft der ZIS kommt vorwiegend aus ‚normalen' Familien. Meist arbeitet ein Elternteil im mittleren oder gehobenen Management und ist ins Ausland (die Schweiz) versetzt worden. Die meisten unserer Familien leben nicht luxuriös."

Hochschulstudium in der Schweiz

Die zwölf öffentlichen Hochschulen der Schweiz setzen sich zusammen aus zehn kantonalen Universitäten und zwei Eidgenössischen Technischen Hochschulen. An den Unis in Basel, Bern, Luzern, St. Gallen und Zürich sowie an der Eidgenössischen Technischen Hochschule Zürich wird auf Deutsch unterrichtet. Französisch klingt es in den Hörsälen in Genf, Lausanne, Neuenburg und an der Ecole Polytechnique Fédérale de Lausanne. In Freiburg werden die Lehrveranstaltungen zweisprachig (D/F) geführt und seit 1996 hat auch die italienischsprachige Schweiz in Lugano ihre Universität. Allein die deutschsprachigen Hochschulen bieten etwa 120 verschiedene Studiengänge. Innerhalb der Fakultäten Recht und Wirtschaftswissenschaften, Mathematik und Naturwissenschaften sowie Geistes- und Sozialwissenschaften besteht ein breites Angebot. Von den Fachhochschulen werden die Bereiche Technik und Informationstechnologie, Architektur, Bau- und Planungswesen, Chemie und Life Sciences, Land- und Forstwirtschaft, Wirtschaft und Dienstleistungen, Design, Gesundheit, Sozialarbeit, Musik, Theater und andere Künste, angewandte Psychologie und angewandte Linguistik sowie Sport abgedeckt.

Bis Ende 2010 soll die Umstellung von den traditionellen Titeln Diplom, Doktorat und Habilitation auf das Bachelor- und Master-Studiensystem Schweizweit vollzogen sein, was Schweizer Diplome europakompatibel macht. Bei Schweizer Studiengängen, die vergleichbar in Deutschland mit dem Staatsexamen abschließen, werden zur Anerkennung in Deutschland jedoch noch weitere Bedingungen zu erfüllen sein, etwa bei den Rechtswissenschaften, in der Humanmedizin, Pharmazie oder bei Studiengängen auf Lehramt.

Die Zeiträume für das Studienjahr sind seit 2007 Schweizweit vereinheitlicht. Das Wintersemester beginnt Mitte September mit der 38. und endet mit der 51. Kalenderwoche. Das Sommersemester erstreckt sich von der 8. bis zur 22. Kalenderwoche.

Auch an den öffentlichen Hochschulen in der Schweiz werden Studiengebühren erhoben. Die Kosten variieren je nach Institut. An fünf der zwölf Hochschulen zahlen Nichtschweizer eine zusätzliche Abgabe. 2008 war die Genfer Uni mit 500 CHF pro Semester die günstigste, die Universität Lugano mit 4.000 CHF die mit Abstand teuerste Wahl. Die durchschnittlichen Kosten belaufen sich auf etwa 600 bis 700 CHF pro Studiensemester und werden jeweils im Voraus fällig.

Die Zahl der Hochschulabsolventen wächst auch in der Schweiz kontinuierlich. Dennoch sind fast alle Studienrichtungen bisher für Studierende mit gültigem Reifezeugnis oder Vorbildungsausweis frei zugänglich. Ein Numerus Clausus ist nicht obligatorisch. Einzige Ausnahme bilden die Studiengänge Humanmedizin, Zahnmedizin, Veterinärmedizin und Chiropraktik. Hier entscheidet Jahr für Jahr die Zahl der Anmeldungen, ob Zulassungsprüfungen durchgeführt werden müssen. Das eingeschränkte Angebot an Studienplätzen ist auch verantwortlich dafür, dass ausländische Studierende gewisse Bedingungen erfüllen müssen, um zu diesen vier Studiengängen zugelassen zu werden. Dazu zählt etwa der Nachweis einer eigenen Aufenthaltsbewilligung C oder der eines der Eltern.

Obligatorisch für den Universitätsbesuch in der Schweiz ist allerdings, dass der Studierende glaubhaft macht, dass er für die Dauer der Ausbildung seinen Lebensunterhalt bestreiten kann und an einer anerkannten Lehranstalt zugelassen ist. Die Bewilligung wird dann für die Dauer der Ausbildung respektive für ein Jahr ausgestellt und bis zum Abschluss des Studiums jeweils um ein Jahr verlängert.

Es gibt in der Schweiz keine Zentrale für die Hochschulzulassung wie etwa die Zentralstelle für die Vergabe von Studienplätzen in Deutschland. Die Einschreibung erfolgt direkt bei der entsprechenden Universität (außer Medizinstudium). Wer zu einem Hochschulstudium zugelassen werden will, muss grundsätzlich 18 Jahre alt sein und das Maturitätszeugnis oder einen als gleichwertig anerkannten Abschluss besitzen. Aber auch Personen ohne Matura können ein Universitätsstudium absolvieren (außer Medizin und Pharmazie). Bedingungen wie Alter und Berufserfahrung und das Aufnahmeverfahren sind von Universität zu Universität und von Fakultät zu Fakultät verschieden. Ebenso werden Inhaber von Berufsmaturitätszeugnissen zu allen universitären Hochschulen zugelassen, wenn sie eine Ergänzungsprüfung bestanden haben. Diese Prüfung richtet sich nach den Anforderungen der gymnasialen Matura und ermöglicht den Zugang zu allen Studienrichtungen. Die Ergänzungsprüfung wird zweimal jährlich im Rahmen der eidgenössischen Maturitätsprüfung durchgeführt.

Schneller und flexibler

Der Ausländeranteil unter den 14.310 Studierenden (WS 2008) an der Eidgenössischen Technischen Hochschule (ETH) in Zürich beträgt genau 30 %. Die Hälfte von ihnen kommt aus dem nördlichen Nachbarland. 1.847 Deutsche belegten 2008 die Bachelor-, Master- und Diplomstudiengänge. Gerade in den Naturwissenschaften sind sie traditionell stark in Zürich vertreten.

„Die ETH hat einen hervorragenden Ruf in der chemischen Industrie", weiß auch Hans Christian Lehmann, der 2001 einen Studienplatz suchte. „Ich hatte mich an das Schweizer Generalkonsulat in Stuttgart gewandt. Dort gibt es eine eigene Stelle für Studienberatung. Man hat mir die Studienunterlagen der ETH dann per Kurier geschickt, anschließend beim Ausfüllen der Bewerbung geholfen und die Weiterleitung organisiert", erinnert sich Lehmann. Vorherige Anfragen bei Deutschen Konsulaten in Bern und Zürich verliefen dagegen im Sand. Ab 2001 studierte der Baden-Württemberger dann in der Schweiz Chemie und merkte schnell, dass die ETH die richtige Uni für ihn war: „Vor allem die sehr hohen Ansprüche hier haben mich weitergebracht. Unter der Kuschelpädagogik der Schulen in Deutschland hatte ich bis dahin eher gelitten. Das Niveau der ETH zeigt sich auch in der Studiendauer. Als ich anfing, waren es in Deutschland im Durchschnitt 14 Semester bis zum Diplom in Chemie. An der ETH schafft man es in neun Semestern." Für Lehmann bedeutete das konkret, dass er in einem Alter, in dem die meisten Deutschen ihr Studium erst abließen, bereits zwei Masterabschlüsse samt Berufserfahrung vorweisen konnte.

Er ist in der Schweiz geblieben. Nach den Gründen gefragt, sprudelt es aus ihm heraus: „Wesentlich bessere Bedingungen für die chemische Industrie gegenüber den EU-Ländern und besonders gegenüber Deutschland, wo die Chemieindustrie unter Dauerbeschuss durch Linksgrün steht. Hier werden Leistungsträger nicht ausgequetscht, bis sie schlechter dastehen als die Leistungsempfänger. Man hat auch viel mehr persönliche und berufliche Freiheit. In Deutschland hätte ich als Chemiker ohne Promotion gar keine Chance. Hier ist es einfacher und unbürokratischer. Man schaut mehr auf das Profil des Kandidaten, nicht so sehr auf Abschlüsse."

Das mag auch daran liegen, dass es nicht viele Schweizer Chemiker gibt, was Lehmann durch seine Beobachtungen bestätigt. „In meiner ersten Firma nach dem Studium traf ich keinen einzigen Schweizer unter den Kollegen. Auch in der jetzigen Anstellung das gleiche Bild: Die akademisch gebildeten Techniker sind Deutsche, die kaufmännischen Funktionen sind mit Schweizern besetzt."

Auch wenn er beruflich von Deutschen umgeben ist, kennt Hans Christian Lehmann mittlerweile viele Schweizer privat – auch Bekannte seiner Schweizer Freundin. Der Weg zum Studium in die Schweiz ist für ihn, wie es scheint, zum One-Way-Ticket geworden. „Eine Rückkehr nach Deutschland, das wäre, als wenn ein Republikflüchtling freiwillig wieder in die DDR zurückgekehrt wäre. Außerdem ist meine Partnerin Juristin. Sie hätte in Deutschland wenige Möglichkeiten."

Auch mit der deutschen Bundeswehr musste er sich nicht mehr rumärgern. „Ich bin Fahnenflüchtling", schmunzelt Lehmann. Der Grund? „Die ETH war mit der Studienbestätigung eben schneller als die Bundeswehr mit dem Einberufungsbescheid!"

Schweizerdeutsch ist kein Dialekt

Die Vielfalt der Schweiz stellt sich neben den Eigenheiten der Kantone noch viel mehr durch die sprachliche Vielfalt in den Landesteilen dar. Da sind zunächst die vier Amtssprachen Deutsch, Französisch, Italienisch und Rätoromanisch. Im jeweiligen Sprachgebiet machen dann unzählige Dialekte die Vielfalt (oder auch die Verwirrung) komplett. Ein Züricher hätte selber größte Mühe, einen Bergdörfler aus der Innerschweiz zu verstehen. Das ist ungefähr so wie Hochdeutsch und Oberbayrisch. Aber auch innerhalb der Sprachgebiete gibt es Stallgeruch: Züritüütsch klingt anders als Bärndütsch, und wer glaubt, mit Basler Dialekt in Luzern unerkannt zu bleiben, irrt gewaltig. Was wir in der Ricola-Werbung hören, hat gar nichts mit helvetischer Muttersprache zu tun. Und vor allem: Schweizerdeutsch ist kein Dialekt des Hochdeutschen. Es ist Teil der Identität eines jeden im deutschsprachigen Teil aufgewachsenen Schweizers.

Und nun? Soll man Schwizerdütsch lernen? Muss man gar den lokalen Dialekt beherrschen, um bei ihnen anzukommen? Oder reicht verstehen?

Kann ein Berliner das „chch" in der Aussprache überhaupt lernen? Sollte man es wenigstens versuchen? Die Mehrheit der Befragten rät ab, begegnet der Sprachvielfalt aber mit Achtung.

„Nach zehn Jahren Schweiz kämpfe ich immer noch mit der Sprache. Besonders Lebensmittel heißen hier anders und es gibt wohl kein Wörterbuch hierfür. Mangold heißt Kautstiele, Karotten heißen Rübli, Feldsalat heißt Nüsslisalat und was Radiccio heißt, das weiß ich immer noch nicht. Aber Topf heißt Pfanne, und Pfanne ebenfalls Pfanne. Ich bin der Meinung, dass man Schwizerdütsch nicht lernen kann. Man kann es nur versuchen und sich lächerlich machen. Denn mit einem Dialekt dieser Sprache muss man aufwachsen, man kann ihn nicht lernen. Schweizer hören, in dem Moment, wo jemand ‚Gruezi' sagt, aus welcher Ortschaft er kommt. Und das hören sie auch bei uns. Wenn man als Deutscher punkten kann, dann höchstens mit dem eigenen Dialekt. Das ist für Schweizer authentisch. Sich dagegen in der Kneipe darüber zu amüsieren, dass ein Führerschein hier Führerausweis heißt, schmeichelt unseren Gastgebern nicht. Denn auch wenn wir ihre Sprache oft nicht verstehen – sie verstehen, was wir sagen."
Nelli Hoerner, Zürich

„Dringend abraten würde ich von den im Augenblick sehr populären ‚Sprachkursen für Deutsche', in denen strebsame Germanen versuchen, sich das Schweizerdeutsch anzueignen, um von den Schweizern besser aufgenommen zu werden. Der gegenteilige Effekt ist der Fall: Meist wird der klägliche Versuch, die Dialekte zu imitieren, von den Schweizern nicht begrüßt."
Chris Hartmann, Zürich

„So, wie der Kabarettist Emil Steinberger spricht, wenn er in Deutschland auftritt – das ist kein Schweizerdeutsch, sondern ein Schweizer, der Hochdeutsch spricht!"
Stephanie Schmid, Emmental

„Klar, es gibt gewisse Worte, die gewöhnt man sich schnell an. Aber ich habe schon Deutsche reden gehört, die der Meinung waren, sie könnten Schwizerdütsch. Da wurde mir klar, dass man es erst reden sollte, wenn man es wirklich kann, bevor man sich lächerlich macht und die Leute so

eher vor den Kopf stößt, als beeindruckt."
Heiko Blumentritt, Balgach

„Ich habe es mir abgewöhnt, diese Sprache sprechen zu wollen. Denn ich denke, dass es eher zur Belustigung der Allgemeinheit dient, wenn eine Deutsche hier versucht, Mundart zu reden."
Melanie Knobelspies, Zürich

„Den Dialekt verstehe ich problemlos – ich spreche ihn aber nicht. Teilweise wurde ich gefragt, ob ich das nicht lernen will. Auf meine Bedenken, dass dies dann künstlich und nicht mehr gut ‚tönen' würde, wurde immer mit viel Respekt reagiert. Man hat mir danach das Feedback gegeben, dass man gut finde, wie ich das handhabe."
Olaf Melber, Bern

„Ich habe meine eigene Sprache entwickelt. Die Schweizer belächeln mich, die Deutschen finden es grauenvoll: Hochdeutsch, Badisch, Schwäbisch, Schweizerdeutsch, und das alles vermischt. Manchmal wirklich grauenhaft, aber schön!"
Wolfgang Pietzek, Schaffhausen

„Ich habe noch einige Probleme mit der Mundart. Aber das ist ja ähnlich wie in Deutschland, wenn man z. B. als Urbayer an die Küste oder nach Berlin zieht, und wird sich schon geben. Ich bitte daher die Leute, dass sie ruhig weiter mit mir Schweizerdeutsch reden."
Fred Apostel, Zürich

„Man könnte den Eindruck gewinnen, dass das größte Problem der Schweizer ihre Sprache ist. Sie haben eher Hemmungen, Hochdeutsch zu reden, obwohl es ja auch die Schriftsprache ist. Sie hängen enorm an ihrem Dialekt. Meine Schwester studierte Deutsch in Frankreich und hat festgestellt, dass die Schweizer Dialekte im 13./14. Jahrhundert stecken geblieben sind. Die Schweizer halten gerne an Altem, Gewohntem fest. Und die Bemerkung ‚das haben wir immer so gemacht' hört man häufiger."
Christine Gevelhoff, Zofingen

„Mich beschäftigt eher die Frage: Warum sprechen die Schweizer mit uns immer Hochdeutsch?"
Daniela Fritzsche, Zürich

Abschließend noch eine Empfehlung von Thomas Küng aus seinem Buch „Gebrauchsanweisung für die Schweiz" (Piper): „Nehmen Sie das Schweizerdeutsche zuallererst als eine Fremdsprache, und es wir Ihnen sogleich weniger befremdlich erscheinen. Zum Erlernen einer Fremdsprache gehören nun einmal Vokabeln, und die sind anders als die eigenen Wörter, auch wenn sie oft ähnlich klingen."

„Vrschdon Sia mi?"

Bevor seine Partnerin 2003 mit Sack und Pack in die Schweiz zog, um dort eine Stelle als Pädagogin anzutreten, war Ulrich Maier das Nachbarland ziemlich egal gewesen. „Im Lauf der ersten Jahre entwickelte ich dann als regelmäßiger Besucher der Schweiz eine richtige Zuneigung zu dem schönen Land und der, wie ich anfangs meinte, offenen und pragmatischen Art der Schweizer. Da ich selbst Schulleiter in Baden-Württemberg bin, beneidete ich meine Partnerin um die unkomplizierten Verfahren und die pragmatischen Strukturen. Wir erlebten die Menschen als freundlich und genossen die herrliche Landschaft, die wir in der Freizeit mit den Motorrädern erkundeten. Bald planten wir, dass ich nach meiner Pensionierung ebenfalls zu meiner Frau in die Schweiz ziehen würde, wo ich mit meiner Kompetenz im Bildungswesen noch ein paar Jahre tätig sein wollte."

Was dann geschah, beschreibt Maier heute als Sinnkrise. Er begleitete seine Frau während eines Ausflugs mit den Schulbehörden und deren Partnern. „Diese Veranstaltung verlangte mir eine mehrstündige Dauerleistung an Konzentration ab. Ich traf auf 24 Menschen, von denen ich zwanzig nie vorher gesehen hatte und denen ich wohl auch künftig kaum mehr begegnen würde, und musste jeden mit Handschlag begrüßen. Schon beim dritten Handschlag, spürte ich Panik, weil ich mit Sicherheit keinen der Vornamen mehr den Händen zuordnen konnte, wenn die letzte Hand geschüttelt war. Und ich wusste, in Kürze würde ich alle Vornamen wieder brauchen, wenn ich beim Apéro vor dem ersten Schluck mit jedem anstoßen und dabei pflichtgemäß ‚Prost Reto, Prost Karin, Prost Beat, Prost ...' sagen musste. Die Schweizer können das. Die kennen sich alle mit Vornamen. Ich würde das nie können und würde deshalb immer nur höflich behandelt werden. Das war für mich die erste unüberwindbare Grenze, die den Schweizer vom Nichtschweizer auf Lebzeiten trennt", beschreibt der gestandene Schulleiter seine Erfahrung. Und er stellt aus der damaligen Beobachtung die These auf: „In der deutschsprachigen Schweiz ist die Sprache von jeder kommunikativen Funktion frei. Sie hat allein die Aufgabe, die Deutschschweizer von allen anderen Menschen zu trennen. Das trifft nicht nur die Menschen aus dem großen Kanton, es zeigt auch den Schweizern aus der Suisse Romande, die sich in der Schule mit der Fremdsprache Deutsch abgemüht haben, dass diese

160

Mühe umsonst war. Ein Schwabe, ein Bayer, ein Sachse und ein Kärntner können sich problemlos verständigen, weil sie automatisch auf eine dialektgefärbte Standardsprache umschalten. Ein Deutschschweizer will es nicht und kann es nicht. Aber er ist höflich und fragt „Vrschdon Sia mi?", auch wenn ihn die Antwort nicht interessiert. Denn es ist eine rituelle Frage. Sagst du ja, fliegt dir der Dorfdialekt um die Ohren, sagst du nein, dann auch. Die Schweizer sind nett und freundlich, aber die Signale sind allgegenwärtig und deutlich: ‚Wir können euch Deutsche im Land nicht vermeiden, aber wir haben euch im Auge.' Seit im Dezember 2008 die Personenkontrollen an der Grenze weggefallen sind, steht kein deutscher Zollbeamter mehr da und winkt mich lässig durch. Bei der Einreise in die Schweiz stehen immer noch wenigstens zwei, warten, bis ich auf ihrer Höhe bin und das Auto fast zum Stillstand kommt, um dann mit einer knappen Handbewegung deutlich zu machen: ‚Ich kontrollier dich nicht, aber ich sehe dich.'" So beschreibt Maier sein Bild vom Schweizer.

Er hat sich entschlossen, sein Haus in Deutschland nicht zu verkaufen und nicht in die Schweiz zu seiner Frau zu ziehen. „Wir werden noch eine Weile die Zweiländer-Ehe weiterführen und dann die Schweiz als gelegentliches Urlaubsland genießen. Die Schweizer wollen unter sich bleiben und wir wollen sie nicht stören." Zugegeben, eine Sichtweise, mit der man Kontakte zu Schweizern von vornherein weitgehend ausschließt.

Sprache als Schlüsselfaktor

Ingo Fechners landete 1999 nach eigenen Angaben „eher zufällig" in der Schweiz. Mitte der Neunziger war er für seinen damaligen Arbeitgeber Siemens in China tätig. „In dieser Zeit habe ich durch das Erlernen der Sprache und durch individuelles Reisen Land und Leute dort kennen und lieben gelernt. Was mich damals mit Mitte zwanzig stark geprägt hat, war die weit verbreitete persönliche Zufriedenheit der Menschen trotz einfachster Lebensumstände." Im Anschluss an die Auslandstätigkeit war Fechner dann im Raum Frankfurt eingesetzt, wo er mit seiner langjährigen Partnerin lebte. Fechner erinnert sich: „Nach meiner Rückkehr aus China merkte ich, dass ich mich nicht mehr wirklich wohl fühlte, je länger ich in Deutschland war. Ich hatte große Mühe mit einer sehr verbreiteten schlechten gesellschaftlichen Angewohnheit. Es wird irgendwie immer alles zuerst schlecht geredet, schuld sind immer andere und nie man selbst, jeder pocht auf den Wohlfahrtsstaat, die Leute sind einfach nur satt und sehen nicht ein, warum gerade ihre Generation bitter nötige Reformen mit entsprechend auch notwendigen Einschnitten mittragen sollte.

Im Laufe der Zeit ging dann, sicher auch unter dem Einfluss meiner in China erfolgten persönlichen Weiterentwicklung, die langjährige Beziehung in die Brüche. Damit verschwindet natürlich früher oder später auch ein gemeinsam aufgebautes soziales Netzwerk, die Leute fangen an sich zwischen den ehemaligen Partnern zu entscheiden."

Für Ingo Fechner war der Zeitpunkt für einen radikalen Neuanfang gekommen. Dabei zog es den Betriebskaufmann wieder in die Ferne. Er begann, sich nach einer neuen Aufgabe in Asien umzusehen. Doch leider gab es keine passende Vakanz. „So war ich gezwungen, geografisch umzudisponieren und landete schließlich eher zufällig in der Schweiz, denn ich stieß innerhalb des Konzerns auf eine passende Stelle in Zürich. Der Posten war sofort zu besetzen und meiner bisherigen Tätigkeit sehr ähnlich. Mit ausschlaggebend war auch, dass ich nicht sofort wieder eine neue Sprache lernen musste." Doch der damals 29-Jährige bemerkte schnell, dass das nicht so ganz stimmte: „Mein einziger Kontakt mit der Schweiz war bis zu dem Zeitpunkt der Besuch des Schaffhauser Rheinfalls als Kind. Ich dachte, dass es hier so zugehen musste, wie in Deutschland – natürlich eine falsche Vorstellung. Was ich im Nachhinein empfehlen kann, ist die Buchreihe ‚Gebrauchsanweisung für …‘, in der es auch ein Werk über die Schweiz gibt."

Als einen von zwei Faktoren für eine gute Integration sieht Fechner die jeweilige Sprache eines neuen Landes. „Der absolut wichtigste Schlüsselfaktor ist aber, sich mit dem neuen Gegenüber in der Art und Weise auseinanderzusetzen, dass man versteht, wie das Land und vor allem die Leute im Gegensatz zu einem selbst ticken. Die Unterschiede zwischen Deutschland und der Schweiz sind zwar nicht groß. Doch die Schweiz ist keinesfalls ein 17. deutsches Bundesland. Das Verständnis hierfür fehlt nach meinen persönlichen Beobachtungen leider so einigen Deutschen." Für den gebürtigen Berliner sind Sprachen etwas Reizvolles und es fällt ihm relativ leicht, neue zu erlernen. „Mein Schwizerdütsch hat über die Jahre ein recht gutes Niveau erreicht, was zum einen daran liegt, dass ich anfangs durch entsprechendes Nachfragen, auch im beruflichen Alltag, versucht habe, möglichst viel zu verstehen. Viel wichtiger für die Erlernung des Schweizerdeutschen war und ist aber sicherlich meine familiäre Situation."

Ingo Fechners jetzige Frau ist Schweizerin, die gemeinsamen Töchter sprechen im Alltag ebenfalls Schwizerdütsch. „Ich höre also den ganzen Tag fast nichts anderes. Und ich merke immer wieder, dass, wenn ich erst rede und dann denke, ich mich spontan und unbewusst auf Schweizerdeutsch bewege. Wenn ich jedoch erst denke und dann rede, bin ich häufig auf Hochdeutsch unterwegs. Und oft habe ich bereits das Gefühl, in solchen Momenten wirklich erst denken zu müssen, bevor ich rede. Das Hochdeutsch ist für mich spannenderweise erst mit dem Schuleintritt meiner ältesten Tochter wieder stärker in den Vordergrund getreten. Sie hat mit mir die Abmachung getroffen, dass ich oft mit ihr Hochdeutsch rede, weil sie in der Primarschule immer mehr Lektionen auf Hochdeutsch hat."

Mit seiner Familie hat Fechner heute das Gefühl, in der Schweiz zuhause zu sein. „Durch meine Töchter habe ich mehr Bezug zur gesellschaftlichen Entwicklung der Schweiz gefunden und möchte deshalb auch vermehrt in ihrem Sinne Einfluss nehmen können. Aus diesem Grunde bin ich zurzeit daran, die Schweizerische Staatsbürgerschaft, neben der deutschen, anzunehmen, was ja seit August 2007 nicht mehr bedeutet, dass man automatisch die deutsche Staatsbürgerschaft verliert. Dieser Aspekt ist mir dabei sehr wichtig, denn zum einen bin ich auch immer noch ein Stück weit Deutscher und zum anderen möchte ich auch für meine Familie die Tür in die EU offen halten."

Und wie sind seine Erfahrungen heute bezüglich der schlechten deutschen Angewohnheit, Fehler bei anderen zu suchen und stets zu jammern – sind die Schweizer besser? „Dieses Land hat gesellschaftlich zwei sehr unterschiedliche Seiten. Zum einen ist die Schweiz als Ganzes sehr weltoffen. Auf der anderen Seite trifft man auf stark national geprägte Interessen, die versuchen, die Schweiz gegen alles Fremde von außen abzuschotten. Ein großer Pluspunkt der Schweiz ist, dass die Bürger viel mehr direkt in der Politik mitbestimmen. Über viele wichtige Themen wird nicht durch Volksvertreter, sondern per Volksentscheid entschieden. Diese Verantwortung wird durchaus wahrgenommen. Allerdings prasselt dadurch auch viel auf den Einzelnen ein, was zu einer gewissen Müdigkeit führen kann. Auf der anderen Seite liegt den Schweizern sehr an Konsens und Gemeinwohl, was dazu führt, dass notwendige Auseinandersetzungen vielleicht gar nicht oder zumindest nicht so offen geführt werden, wie es nötig wäre. Die Schweiz hat eben viele unterschiedliche Seiten. Das bedeutet aber auch, dass man nach relativ kurzen Distanzen sowohl das italienische Leben im Süden als auch das französische Leben im Westen genießen kann. Dadurch bietet sich ein sehr angenehmer Mix an Kulturen und Lebensweisen."

Freizeit mit Schweizern

Die Deutschen gelten als Vereinsmeier. Auf 1.000 Bundesbürger kommen 7 Vereine. Allein in Nordrhein-Westfalen gibt es 120.000 davon. Es gilt das Sprichwort: „Wo drei Deutsche sich treffen, gründen sie einen Verein." Doch auch die Schweizer pflegen ihre sozialen Kontakte in Vereinen, Gruppen und Gesellschaften. Und in der Schweiz benötigt man sogar nur zwei Personen, um den Verein zu gründen. So wundert es auch nicht, dass es allein 27.000 Schützen- und Sportvereine in den Schweizer Kantonen gibt. Über die Vielzahl weiterer Organisationen und Gruppen aller Art kann man nur mutmaßen, da es keine Registerpflicht gibt. Aber sicher ist: Es sind sehr viele. Und in den meisten sind auch Zuwanderer gerne gesehen. „Es gab Momente, in denen ich drauf und dran war, die Schweiz wieder zu verlassen. Grund war die mangelnde Integration in Zürich. Das änderte sich schlagartig, als ich verschiedenen Organisationen beitrat. Über diese konnte ich in der Folge in kürzester Zeit einen

Bekanntenkreis aufbauen. Heute kann ich sagen, dass Zürich die attraktivste Stadt ist, in der ich bisher gelebt habe."
GianPiero Curatolo, Zürich

„Das Wichtigste ist, gerade für ein Kind, das sämtliche Freunde zu Hause lassen musste und hier erst mal ziemlich alleine dasteht, die Familiengeborgenheit. Darüber hinaus kann ich Eltern nur raten, die Kleinen so bald wie möglich in einem Verein, Club oder Ähnlichem ihren Interessen entsprechend anzumelden. Bei uns war es der Sport, nicht zuletzt weil meine Tochter auch in Hamburg schon intensiv trainiert hatte, bei anderen ist es der Pfadi (Pfadfinderverein), ein Schachklub oder töpfern, wichtig ist, schnell Kontakt zu den Schweizer Kindern herzustellen, damit neue Bindungen entstehen können."
Iris Pasternack, Winterthur

„Einen entscheidenden Schritt in die Integration haben wir auf Grund eines Abendspaziergangs gemacht. An einem Novemberabend sind wir zufällig an einer Kirche vorbeigekommen. Zu unserem Erstaunen war noch Licht im Kirchenraum. Als wir hineinschauen wollten, kam eine Reihe von Frauen heraus, die gerade eine Chorprobe hatten. Meine Frau kam mit ihnen ins Gespräch, da sie in Deutschland auch in einem Chor gesungen hatte. ‚Neue Mitglieder können wir immer gebrauchen, willst du dich nicht mal gleich mit dem Kantor unterhalten?', wurde sie schnell gefragt. Nach einem kurzen Gespräch mit dem Kantor hat sie vorsingen dürfen. Wirklich sehr überraschend. Die Folge war, dass wir mit einem Schlag eine ganze Reihe von neuen Leuten kennen gelernt haben, sowohl Deutsche als auch Schweizer. Manche kennen wir inzwischen richtig gut und unternehmen auch einiges mit ihnen."
Frank Leistner, Zürich

„Ich habe mir sehr schnell ein privates Umfeld schaffen können, indem ich einem Sportverein beigetreten bin. Auch auf Festen und Veranstaltungen in der Stadt habe ich dann mit meiner Familie immer wieder Bekannte getroffen. Ich spiele bis heute einmal in der Woche Volleyball."
Klaus Himbert, Cham

Keine Zeit zu zweifeln

Deutsch oder Englisch als Landessprache war die Auflage, die Robert Nieberg von seiner Freundin bekam, als es nach dem Aufbaustudium zum Diplomkaufmann für die Berufserfahrung eine Weile ins Ausland gehen sollte. „So standen auch Kanada und Australien in der engeren Wahl, doch die Schweiz hat mich mehr gereizt, nicht zuletzt wegen der wahnsinnig schönen Landschaft!"

Die Jobaussichten in Deutschland haben ihm den Blick über den Tellerrand leicht gemacht. „Ich habe meinen Diplomkaufmann an der FH Hannover mit 1,7 abgeschlossen und doch bei rund 100 Bewerbungen nur sechs Vorstellungsgespräche gehabt. Als Kaufmännischer Mitarbeiter aus Deutschland hat man aber auch in der Schweiz gute Chancen, denn man beherrscht meist auch das Englische als Handelssprache Nr. 1. Viele Schweizer sprechen eher Italienisch oder Französisch."

Nach dem Erstkontakt mit seinem heutigen Schweizer Arbeitgeber, der durch einen Freund entstand, war Robert Nieberg nicht mehr nur von der Landschaft, sondern auch vom Jobangebot und von der Schweizer Mentalität angetan. Und so ging es dann im Januar 2008 für den damals

25-Jährigen in den Kanton Luzern. „Ich hatte mich mit Büchern und den einschlägigen Internetforen ein wenig vorbereitet. Da ich aber parallel auch noch an meiner Diplomarbeit gearbeitet habe, hatte ich kaum Zeit, an irgendetwas zu zweifeln oder mich tiefgründiger mit der Umsiedelung zu beschäftigen. Der Umzug wurde dann vom neuen Arbeitgeber gezahlt und von einem Unternehmen durchgeführt. Das kann ich nur empfehlen! Man muss sich um Vieles nicht kümmern und auch der Zoll ist dank der Profis schnell erledigt!", weiß Nieberg, der heute als Einkaufsleiter in einem Technischen Betrieb arbeitet.

„Die ersten Monate waren von diversen Erfahrungen gezeichnet, die mich rückblickend bestärken, das Richtige gemacht zu haben. Natürlich fehlte das gewohnte Umfeld, die Freunde und die Familie in der Heimat. Aber ich habe viele neue Menschen kennen gelernt. Und sowohl auf der Arbeit als auch im privaten Bereich wurde ich sehr nett aufgenommen. Im Job wird man als Mensch behandelt und nicht nur als Kapital- und Kostenfaktor. Überhaupt der Umgang miteinander: Hier ist es normal, dass man sich bei jeder Gelegenheit begrüßt oder verabschiedet, und das natürlich mit Namen. Ich habe erlebt, dass sich Schweizer auf den Schlips getreten fühlen, wegen eines ‚Guten Morgen' anstatt ‚Morgen Herr Müller'. Doch wenn man das beachtet, ist alles gut."

Am meisten bei der Integration geholfen hat dem Sportbegeisterten jedoch, dass er einen Handballverein gefunden hat: „Ich hatte damals einen frisch operierten Kreuzbandriss, merkte aber, dass mir der Sport sehr fehlte. Also schrieb ich diverse Vereine in der Umgebung an. Mein jetziger Verein meldete sich sofort und nach dem ersten Treffen war klar, dass es ‚mein' Verein werden würde. Alle unterstützten mich und es gab einen individuellen Trainingsplan, so dass ich schnell wieder fit wurde. Heute kann ich sagen, es war die wohl beste Entscheidung, die ich in der Schweiz traf. Vereine sind enorm wichtig, um auch neben der Arbeit in der Schweiz ankommen zu können. Es wird dort viel leichter, Freundschaften zu knüpfen und die Umgebung besser kennen zu lernen. Alles in allem kann ich sagen, dass man sich zwar anpassen muss, weil die Mentalität doch eine andere ist. Die diversen negativen Sachen, die ich im Vorfeld in vielen Foren im Internet gelesen habe, kann ich aber nicht bestätigen. Vielleicht ist das in größeren Städten so, aber hier auf dem Land wird man einfach akzeptiert, wenn man sich freundlich verhält." Bei so viel Positivem wundert es nicht, dass auch die Freundin des Osnabrückers im Mai 2009 in die Schweiz ging, um als Lehrerin zu arbeiten.

Ihr Plus in der Schweiz

Sie leben oder arbeiten als Deutsche/r in der Schweiz? Dann sichern Sie sich jetzt Ihre grenzüberschreitenden Vorteile: Nach unserem bewährten Allfinanzkonzept beraten wir Sie in allen Fragen, die Absicherung und Vorsorge betreffen.

Entscheidende Unterschiede – angefangen bei der Krankenkasse bis hin zu Altersvorsorge und Vermö-gensaufbau – machen eine professionelle Beratung unverzichtbar. Profitieren Sie von unserer Erfahrung für eine individuell optimierte Finanzplanung und nutzen Sie den Unterschied. Es lohnt sich für Sie.

Auch wenn Sie über den Schritt in die Schweiz erst noch nachdenken: Sprechen Sie uns gleich an. Wir sind gern für Sie da.

Büro für Schweizer Vermögensberatung

Jörg Grosswindhager

Bernstrasse 34
3303 Jegenstorf
Telefon +41 31 762 05 15
E-Mail joerg.grosswindhager@svag.ch

Das soziale Netz der Schweiz

Das Freizügigkeitsabkommen zwischen der Schweiz und der EU koordiniert die verschiedenen Sozialversicherungssysteme, um Unterschiede abzufedern. Davon profitieren auch Deutsche, die in der Schweiz arbeiten. Sie werden weitestgehend wie Schweizer behandelt.

Wer ausschließlich in der Schweiz sein Einkommen erzielt, ist nach dem Erwerbsortprinzip grundsätzlich auch nur dort versicherungspflichtig. Dies gilt auch, wenn man dabei Grenzgänger ist und somit nicht in der Schweiz wohnt. Bei der Krankenversicherung gelten Ausnahmen.

Wer gleichzeitig in der Schweiz und in einem EU-Land erwerbstätig ist, für den gilt die Schweizer Sozialversicherung dann, wenn er in der Schweiz wohnt oder wenn der Arbeitgeber seinen Sitz in der Schweiz hat und der Erwerbstätige seinen Wohnsitz nicht in dem EU-Land hat, in dem er arbeitet.

Deutsche, die für ein Unternehmen mit Sitz in der EU vorübergehend (nicht länger als zwölf Monate, in begründeten Fällen auch länger) in der Schweiz tätig sind, bleiben in ihrem Heimatland versichert und sind in der Schweiz nicht versicherungspflichtig.

In der Schweiz lebende Pensionäre, die eine Rente aus einem EU-Staat beziehen, bleiben in ihrem Land versicherungspflichtig. Sie müssen nur dann eine Krankenversicherung in der Schweiz abschließen, wenn sie zugleich eine Schweizer Rente beziehen.

Neben der obligaten Krankenversicherung teilt sich das staatliche Schweizer Sozialversicherungssystem auf in die Bereiche der Alters-, Hinterlassenen- und Invalidenvorsorge sowie Unfallversicherung, Arbeitslosenversicherung und die sogenannten Familienzulagen.

Wichtigster Pfeiler der staatlichen Vorsorge ist die Alters- und Hinterlassenenversicherung. Vergleichbar mit der deutschen Rentenversicherungsanstalt, sind die Schweizer Ausgleichskassen zuständig für den Einzug der Beiträge und die Auszahlung von Leistungen. Die Beitragspflicht zur AHV umfasst alle Personen, die in der Schweiz wohnen oder erwerbstätig sind. Beitragspflichtig sind auch nicht-erwerbstätige Ehepartner. Hier zahlt der erwerbstätige Partner insgesamt wenigstens den doppelten Mindestbeitragssatz. Die Beiträge werden direkt vom Einkommen einbehalten und vom Arbeitgeber zusammen mit dem Arbeitgeberanteil abgeführt. Erziehungs- und Betreuungszeiten werden angerechnet.

Das normale Rentenalter beginnt in der Schweiz für Männer mit 65, für Frauen ein Jahr früher. Hier liegt die maximale monatliche Rente bei 2.150 Franken (2009). Wer seine Rente bereits ein oder zwei Jahre vor dem ordentlichen Rentenalter beziehen möchte, erhält eine gekürzte Rente. Wer umgekehrt den Bezug der Rente um 1 bis maximal 5 Jahre aufschiebt, erhält einen Zuschlag.

Die Teilrenten aus einem Beschäftigungsverhältnis in einem EG-Staat oder in der Schweiz kann sich der Empfänger in jedem Land auszahlen lassen. Anspruch hat, wer mindestens ein Jahr in der AHV versichert war.

Die AHV ist eine Säule des Schweizer Drei-Säulen-Systems und soll lediglich eine Minimalversorgung sicherstellen.

Ende 2009 betrug der Beitragssatz zur AHV 4,2 % vom Bruttoeinkommen des Arbeitnehmers. Noch einmal den gleichen Satz zahlt der Arbeitgeber ein.

Die Invalidenversicherung

Ziel der Invalidenversicherung ist es, dem Versicherten im Falle von Invalidität durch Eingliederungsmaßnahmen oder Geldleistungen die Existenzgrundlage zu sichern. Die Beitragspflicht zur IV wird nach den gleichen Grundsätzen festgestellt wie sie für die AHV gelten. Nach dem Prinzip „Eingliederung vor Rente" wird zunächst immer die Wiederherstellung der Erwerbsfähigkeit gefördert. Erst an zweiter Stelle steht eine Invalidenrente. Diese ermittelt sich aus dem Grad der Invalidität. Beträgt die Invalidität 40-50 %, erhält man eine Viertelrente, bis zu einer Invalidität von exakt zwei Dritteln bekommt man die halbe Rente. Vollrentner wird, wer zu mehr als 66,6 % Invalide ist. Der Höchstsatz der Invalidenrente liegt bei 2150 Franken.

Der Anspruch auf eine IV-Rente besteht ab einem vollen Beitragsjahr und erlischt mit dem Erreichen des Pensionsalters. Für die IV gehen vom Bruttolohn des Arbeitnehmers 0,7 % an den Bund, das Gleiche zahlt der Arbeitgeber.

Die Erwerbsersatzordnung

Mit der AHV ebenfalls verknüpft ist die Erwerbsersatzordnung. Diese regelt die Entschädigungen für den Ausfall von Einkommen durch Militär- und Zivildienstzeiten. Da es sich um eine Solidarversicherung handelt, zahlen Sie ebenfalls ein, auch wenn Sie nicht in den „Genuss" der Leistungen kommen können, da Sie – als Ausländer – kaum den Schweizer Wehrdienst ableisten werden. Mit 0,3 % Arbeitnehmeranteil vom Bruttolohn ist dieser Beitrag aber wohl zu verschmerzen.

Die Unfallversicherung

Eine Unfallversicherung ist in der Schweiz ebenfalls Pflicht. Diese Versicherung umfasst sowohl Unfälle im privaten als auch im beruflichen Bereich. Arbeitnehmer in der Schweiz sind obligatorisch über den Arbeitgeber versichert. Dieser zahlt auch die gesamte Prämie, wobei man in der Schweiz unterscheidet zwischen der Prämie für Berufsunfälle und der Prämie für Nichtberufsunfälle. Letztere wird dem Arbeitnehmer vom Lohn abgezogen. Durchschnittlich liegen die Abzüge bei 0,5 % bis 3 % des Bruttolohnes, je nach Tätigkeit und Einstufung des Betriebs in die verschiedenen Gefährdungsklassen. Im Schadensfall leistet die Unfallversicherung ab dem 3. Tag bis zu 80 % des versicherten Verdienstes als Tagegeld. Bei Invalidität leistet sie diese Zahlungen bis zu 90 % des versicherten Verdienstes, anteilig zu AHV bzw. IV. Nichterwerbstätige müssen sich im Rahmen der obligatorischen Krankenversicherung über die Schweizerische Unfallversicherungsanstalt oder durch andere zugelassene Unfallversicherer gegen Unfälle versichern. Arbeitslose sind automatisch in der SUVA versichert. Andersherum sollten sich Arbeitnehmer, die auch gegen Nichtberufsunfälle über den Arbeitgeber versichert sind, von der Unfalldeckung innerhalb ihrer KV befreien lassen, was die Prämie dort senkt. Es ist ratsam, eine in Deutschland abgeschlossene Unfallversicherung auf ihre Wirksamkeit in der Schweiz zu überprüfen und diese ggf. weiterzuführen.

Die Arbeitslosenversicherung

Die Beiträge zur Arbeitslosenversicherung betragen derzeit 1 % vom Bruttolohn (Arbeitnehmeranteil 2009). Der Höchstsatz liegt bei 1.260 Franken pro Jahr. Im Fall von Arbeitslosigkeit zahlt die ALV innerhalb von zwei Jahren bis zu 520 sogenante Taggelder aus. Das Arbeitslosengeld beträgt 70 % des letzten versicherten Verdienstes. Unterhaltspflichtige, deren Taggeld unter 130 Franken liegt, können 80 % erhalten. Kurzarbeiterentschädigung, Schlechwetterentschädigung, Entschädigung bei Zahlungsunfähigkeit des Arbeitgebers und Gelder für die Teilnahme an arbeitsmarktlichen Maßnahmen gehören ebenfalls zu den Leistungen der Arbeitslosenversicherung. Voraussetzung für den Bezug von Arbeitslosengeld ist eine mindestens sechsmonatige beitragspflichtige Tätigkeit innerhalb der vergangenen zwei Jahre in der Schweiz. Haben Sie eine kürzere Zeit in der Schweiz gelebt oder gearbeitet, so werden Versicherungszeiten aus Deutschland angerechnet. Die Höhe der Taggelder richtet sich aber dennoch nach dem letzten Verdienst in der Schweiz.

Familienzulagen

Ähnlich dem Deutschen Kindergeld oder Mutterschaftsgeld können Familien in der Schweiz Einkommensergänzungen bekommen, was dort zu den Sozialversicherungen gezählt wird. So bekommen beispielsweise Arbeitnehmer und Erwerbslose seit 2009 eine Kinderzulage von 200 Franken, für Kinder bis 16 Jahren sowie eine Ausbildungszulage von 250 Franken für Kinder von 16 bis 25 Jahren. Der Anspruch auf diese Leistungen besteht ebenfalls, wenn mindestens ein Elternteil in der Schweiz lebt, die Kinder jedoch im Ausland leben. Wer diese Leistungen beanspruchen will, muss sie über den Arbeitgeber bei der zuständigen Ausgleichskasse beantragen. Diese geben auch gerne Auskunft über den Anspruch auf Zulagen.

Glücksfall für die Region

Einer von ihnen ist Dr. med. Gerd Schallenberg. Er hat seiner Praxis im sauerländischen Brilon-Alme den Rücken gekehrt, um dort zu praktizieren, wo hausärztliches Arbeiten und medizinische Erfahrung noch honoriert werden. Seit September 2007 ist er angestellter Arzt für eine Gesellschaft, die Nachfolger für Allgemeinarztpraxen in der Schweiz vermittelt und betreibt eigenverantwortlich eine Praxis in Bronschhofen im Kanton St. Gallen. Frei von überbordenden Verwaltungsaufgaben aber wie gewohnt medizinisch verantwortlich bestimmt er sein Einkommen durch den Umfang seiner Praxistätigkeit weitgehend selbst. Auch dass man in der Schweiz keine Altersgrenze für Kassenärzte kennt, war für den 61-jährigen ein Anreiz. Ist die Schweiz also ein Paradies für Mediziner aus Deutschland?

Dr. Schallenberg: „Es mangelt in der Schweiz einfach an ärztlichem Nachwuchs. Die Arbeit niedergelassener Hausärzte wird zwar nicht mehr so honoriert wie früher, aber immer noch besser als in Deutschland. Das hat zur Folge, dass die Schweiz für deutsche Allgemeinärzte zunehmend interessanter und verlockender wird."

Verstärkte Bürokratisierung, Abhängigkeit von den Krankenkassen mit ihrem ständig schrumpfenden Leistungskatalog, eine für Mediziner geradezu existenzgefährdende Gesundheitspolitik, das restriktive Verhalten der Banken bei unwirtschaftlich erscheinenden Arztpraxen, all das fällt Dr. Schallenberg schnell ein, fragt man ihn, wie er auf die Idee kam, Deutschland den Rücken zu kehren.

„All diese Aspekte machten es leicht, nach einem System Ausschau zu halten, in dem noch existenzsichernd gearbeitet werden kann und darf. Das ist in den skandinavischen Ländern und in England möglich, aber auch in Luxemburg, Frankreich und der Schweiz. Die Schweiz hat für Deutsche den Vorteil, dass auch deutsch gesprochen wird, wenn auch bevorzugt Schwizerdütsch, was aber kein Hindernis darstellt." so der Mediziner.

Auslöser zur Auswanderung war letztlich das Inserat einer Schweizer Gesellschaft im Deutschen Ärzteblatt, die Nachfolger für Allgemeinpraxen in der Schweiz suchte. Doch kann ein Mediziner mit deutschen Qualifikationen sofort in der Schweiz arbeiten? „Meine Abschlüsse in Deutschland wurden nicht alle anerkannt. Problemlos akzeptiert wurde

das Staatsexamen, meine Approbation sowie der Titel „Praktischer Arzt". Der deutsche „Facharzt für Allgemeinmedizin" dagegen wurde genauso wenig anerkannt wie die Zusatzbezeichnungen „Sportmedizin" und „Psychotherapie". Doch vor allem das Fachwissen in der Psychotherapie konnte ohne Probleme in den allgemeinärztlichen Praxisalltag einbezogen werden, denn in der Schweiz wird die pro Patient aufgewendete Zeit vergütet."

Auch das Schweizer Gesundheitssystem ist kein Füllhorn. Dort versuchen die Kassen, von denen es nach Meinung von Dr. Schallenberg zu viele gibt, sich zusammenzutun und flächendeckend Hausarztverträge mit Praxen abzuschließen, um die Kosten zu drücken. Wer nicht mitmacht, muss damit rechnen, dass Patienten dieser Kassen den Arzt wechseln, da diese sonst ihre Prämienvergünstigungen einbüßen. Und auch in der Schweiz wird man sich den Problemen einer allgemeinen Veralterung der Gesellschaft irgendwann stellen müssen.

Noch jedoch werden Leistungen nicht gekürzt, solange sie mit der Kompetenz des Arztes vereinbar sind. „Es wird erwartet, dass die vom Arzt erbrachte Leistung begründet und wirtschaftlich ist. Solange dies der Fall ist, wird sie auch bezahlt. Jede Überweisung muss mit einem Arztbrief dokumentiert werden. Der Facharzt erwartet ausführliche Voruntersuchungen, aus denen sich die entsprechende Fragestellung ableiten lässt. Dadurch kann auf Doppeluntersuchungen in der Regel verzichtet werden. Der Arztbrief informiert zudem über Nebendiagnosen und erweitert von vornherein das Bild über den Patienten. Alle dazu notwendigen Untersuchungen werden von den Kassen honoriert. Da geleistete Arbeit vergütet wird, ist das Einkommen des Algemeinmediziners zwangsläufig höher als in Deutschland", so Dr. Schallenberg. In seiner alten Heimat gilt dies lediglich noch bei Privatversicherten, mit der Folge langer Wartelisten bei den Kassenpatienten oder unbezahlter Leistung der Ärzte. In der Schweiz hingegen leistet der Hausarzt einen Großteil der Untersuchungen. „In einer Studie wurde sogar festgestellt, dass es wirtschaftlich ist, wenn Hausärzte ein eigenes Labor führen. Nachgewiesenermaßen verursachten solche Ärzte weniger stationäre Behandlungen und damit weniger Kosten für die Kassen", erfuhr der Mediziner unlängst auf einem Kongress in Zürich.

Und wie steht es mit der Akzeptanz seiner Patienten gegenüber einem deutschen Arzt? „Interessant ist der Ton eines Artikels im Züricher

Tagesanzeiger, der wahrscheinlich in Verkennung der Sachlage deutsche Ärzte als diejenigen hinstellt, die den Schweizer Kollegen die freien Stellen wegschnappen. Allerdings wird im selben Artikel meine Niederlassung für die betroffene Region als Glücksfall betrachtet, weil sich kein Schweizer Kollege gefunden hatte. Ich kann aus meiner Erfahrung und der meiner deutschen Kollegen hier sagen, dass es keine Vorbehalte gegen deutsche Mediziner gibt. Und wenn, dann sind es Vorbehalte, wie sie sich in jeder Arzt-Patienten-Beziehung entwickeln können."

Als schwieriger betrachtet Gerd Schallenberg den Weggang in die Schweiz eher für seine Kinder, die als 16-jährige Zwillinge den Freundeskreis und das vertraute Umfeld aufgeben mussten für ein Land, von dem sie keine Vorstellung hatten. Doch auch das hat sich mittlerweile relativiert: „Wir fühlen uns freier, es ist ruhiger geworden um uns herum. Wir fühlen uns hier akzeptiert und wertgeschätzt und erleben Tugenden, die in Deutschland abhandengekommen scheinen: Hier zählen auch Worte, nicht nur schriftliche Verträge."

Die Krankenversicherung in der Schweiz

Für Aufenthalter besteht die Pflicht zum Abschluss einer Grundversicherung, die hier als „obligatorische Krankenpflegeversicherung" bezeichnet wird. Darüber hinaus bietet es sich an, individuelle Zusatzversicherungen abzuschließen. Wenn Sie Ihren Erwerbsort also für länger als drei Monate in die Schweiz verlegen, müssen Sie innerhalb von drei Monaten eine Grundversicherung abschließen. Anders als in Deutschland, wo der Arbeitgeber in der Pflicht ist, sind Sie hier selbst für den Abschluss dieser Versicherung verantwortlich. Sie können die Kasse frei wählen. Rund 90 Krankenkassen sind vom Schweizer Bundesamt für Gesundheit anerkannt und zur Durchführung der Grundversicherung berechtigt. Die Kassen müssen hier – im Gegensatz zu den Zusatzversicherungen – jede Person, unabhängig von Alter und Gesundheitszustand, ohne Vorbehalte und ohne Karenzfristen aufnehmen. Mit der Grundversicherung sind abgedeckt: Leistungen bei Krankheit, Mutterschaft und Unfall, sofern nicht eine Unfallversicherung die Kosten trägt. Gedeckt werden auch die ambulante Behandlung durch Ärzte, Chiropraktiker samt verordneten Medikamenten, Psycho-, Physio- und Ergotherapie, der Aufenthalt in Spitälern im Wohnkanton und falls notwendig in Spitälern anderer Kantone. Eingeschlossen sind auch Pflege- und Rehabilitationskosten in gewissem Umfang. Die Leistungspflicht der Krankenkassen ist gesetzlich geregelt. Ärzte haben die Pflicht, ihre Patienten zu informieren, falls eine Leistung nicht vergütet wird. Im Gegensatz zur deutschen Krankenkasse übernimmt die Grundversicherung in der Schweiz die Kosten für zahnärztliche Behandlungen nur, wenn diese mit schweren Erkrankungen in Zusammenhang stehen. Im Ausland übernimmt die Grundversicherung die Behandlungskosten, wenn Versicherte dort erkranken.

Die Prämien der Grundversicherung unterscheiden sich nach Kasse und Wohnort. Wer seine Kostenbeteiligung (Franchise) erhöht, bezahlt eine günstigere Prämie. Einige Versicherer bieten kostenlose Zusatzleistungen sowie diverse Prämiensenkungen an, wenn der Versicherte an Modellen zur Kosteneinsparung teilnimmt. Beispiele hierfür sind das auch in Deutschland bekannte Hausarzt-Modell (zuerst zum Hausarzt, der Sie ggf. weiterschickt) oder andere Modelle, bei denen Sie sich verpflichten, nur bestimmte (preiswerte) Medikamente oder ausgewählte, den Kassen angeschlossene, Gesundheitseinrichtungen zu wählen. Auch das Schweizer Gesundheitssystem hat mit zu hohen Kosten zu kämpfen. Neben der Grundversicherung können freiwillige Zusatzversicherungen abgeschlossen werden, die beispielsweise den zahnmedizinischen Bereich, ein Krankentagegeld oder den Aufenthalt in Privatabteilungen im Spital abdecken. Hier können es auch deutsche Krankenzusatzversicherungen sein.

Die Lohnfortzahlung im Krankheitsfall und auch bei Schwangerschaft ist in der Schweiz nur beschränkt gesetzlich geregelt. Ist der Arbeitnehmer länger als drei Monate beschäftigt, so ist der Arbeitgeber zur Fortzahlung verpflichtet. Im ersten Jahr beschränkt sich die Fortzahlung auf drei Wochen, nach fünf Jahren im Betrieb sind es drei Monate (die genaue Zahl der Tage ist in den Kantonen verschieden). Ist man länger krank, greift eine Tagegeldversicherung. Diese muss der Versicherte allerdings selbst vorher abschließen. Viele Betriebe bieten in diesen Rahmen Sammel- oder Kollektivversicherungen für ihre Arbeitnehmer. Die Lohnfortzahlung bei Arbeitsunfähigkeit aufgrund einer Erkrankung der Kinder eines Versicherten, wie es in Deutschland geregelt ist, besteht in der Grundversicherung nicht.

Versicherte in bescheidenen wirtschaftlichen Verhältnissen haben Anspruch auf Prämienverbilligungen bei der Grundversicherung. Für das Jahr 2009 gilt: Übersteigen die Richtprämien für die obligatorische Krankenpflegeversicherung (2.950 sfr pro Erwachsenem und 800 sfr pro Kind) 11 % des Einkommens, so besteht ein Anspruch auf Prämienverbilligung. Dies bedeutet schlicht, dass der übersteigende Teil der zu zahlenden Prämie vom Kanton getragen wird. Beispiel: Als Familie mit zwei Kindern haben Sie ein maßgebendes Einkommen von 50.000 Schweizer Franken. Die Richtprämien für die Familie betragen insgesamt 7.500 sfr. Das wären 15 % Ihres Einkommens. Selbst tragen müssen Sie nur 11 %, also 5.500 sfr. Falls die Prämie für Ihre Grundversicherung nun darüber liegt, wird die Differenz auf Antrag vom Kanton übernommen.

Was gilt für Grenzgänger?

In der Schweiz Erwerbstätige und ihre Familienangehörigen, die in Deutschland, Italien, Österreich oder Frankreich wohnen, können sich von der Versicherungspflicht befreien lassen, wenn sie den Nachweis erbringen, dass sie im Land ihres Wohnortes versichert sind. Der Schweizer Arbeitgeber zahlt in dem Fall in die Versicherungen des Landes ein, in dem der Arbeitgeber wohnt.

Sind Sie als Grenzgänger in der Schweiz krankenversichert, dann kommen spezielle Versicherungsmodelle, wie etwa das Franchise-Modell oder das Hausarzt-Modell nicht in Frage.

Es gibt eine Menge weiterer kleiner Details für viele Konstellationen. Es ist daher unbedingt ratsam, bei Fragen zur Versicherung individuelle Beratung in Anspruch zu nehmen.

Dienstleistung wird großgeschrieben

Sein Beruf führte Dieter Raitor im Frühjahr 2007 nach Basel. Der Versicherungsmann hat sich spezialisiert auf die Betreuung von Deutschen, die in die Schweiz kommen. Häufig geht es bei denen gerade zu Anfang nicht selten um existenzielle Absicherungen. Raitor weiß aus Erfahrung: „Oft haben Zuwanderer einfach ihre Versicherungen in Deutschland bereits gekündigt, kommen dann in die Schweiz und verfügen hier über keinerlei Absicherung. Gerade in der Anfangszeit besteht dann akuter Versicherungsbedarf. Im Bereich der Erwerbsunfähigkeit stellen wir immer wieder fest, dass große Lücken vorhanden sind. Denn aufgrund der unterschiedlichen Systeme haben gerade Deutsche hier im Invaliditätsfall zu Anfang höchstens einen minimalen Anspruch auf staatliche Leistungen."

Auch wenn es nicht immer so kritisch ist, einige der Erfahrungen, die Dieter Raitor heute weitergeben kann, hat er selbst während seiner Einwanderung gemacht. Als Kundenbetreuer ist er zur Nationale Suisse gekommen und hat sich dort bald immer mehr mit den Belangen von Zuwanderern befasst. Daraus ist mittlerweile ein kompletter Geschäftszweig im Unternehmen geworden: „In jeder unserer Geschäftsstellen haben wir heute einen oder mehrere Kundenberater, die Zuwanderer in Versicherungsfragen begleiten können." Der Spezialist, der sowohl den Deutschen Versicherungsfachmann BWV als auch das Zertifikat des Schweizerischen Berufsverbandes der Versicherungswirtschaft VBV nachweisen kann, war zur richtigen Zeit am richtigen Ort. Heute ist er Verkaufsleiter für den Bereich Zuwanderer. Im Hintergrund unterstützt er Schweizweit die lokalen Mitarbeiter, betreut komplexere Fragestellungen persönlich oder gibt Impulse zur Entwicklung spezieller Produkte. „Ich begleite meine Kollegen aber auch noch bei Kundenbesuchen, um immer à jour zu bleiben. Ein Anderes sind die After-Work-Partys, die wir in verschiedenen Städten veranstalten. Neu-Schweizer können hier Kontakte knüpfen. Wir nutzen die Gelegenheit aber auch, um zu informieren. Ich werde fast täglich damit konfrontiert, dass Zuwanderer große Informationsdefizite haben und vielen Falschinformationen ausgesetzt sind. Diese kommen teilweise von Versicherungsberatern, von Ämtern oder auch aus Foren im Internet. Gerade im Bereich der Absicherung sind Lösungen meist individuell und von Kunde zu Kunde völlig unterschiedlich. Wichtig ist da vor allem, dass ein Schweizer Berater das System kennt, aus dem der Zuwanderer kommt. Gerade Fragen bezüglich der Riester- oder Rürup-Renten sind nicht einfach oder pauschal zu beantworten."

Dieter Raitor ist unter der Woche in der ganzen Schweiz unterwegs. Seine Frau dagegen wohnt noch immer in Deutschland. „Sie ist genau wie ich beruflich sehr engagiert und möchte ihre Arbeit dort nicht aufgeben. Deswegen haben wir uns für eine Wochenendbeziehung entschieden. Natürlich ist das nicht immer leicht, wenn man sich nach einem anstrengenden Tag mit dem Partner austauschen möchte. Wenn's zu viel wird, fahr' ich dann auch schon mal unter der Woche spontan nach Waldshut. Meist besucht sie mich aber am Wochenende in Basel."

Die Schweiz ist mittlerweile Lebensmittelpunkt des 43-jährigen. Fragt man ihn nach dem bedeutendsten Unterschied zu Deutschland, muss er nicht lange überlegen: „Die Mentalität der Schweizer – menschlich und in Bezug auf die Arbeit. Die Chance, beruflich weiterzukommen, wenn man sich einsetzt. Dienstleistung wird hier noch großgeschrieben. Die Schweiz ist ein sehr schönes Land mit seinen Bergen und Seen. Im Sommer am Rhein fühlt man sich wie in den Ferien – was will man mehr?"

Das Rentensystem der Schweiz

Johann Hermann blickt auf seinen Schreibtisch. Er ist gespannt, wie er die Zeit verbringen wird, die er ab morgen hat. Ein kleines Boot am See, seine Enkel und ein paar Reisen mit seiner Frau sollen ihm das Leben erträglich machen. Sein letzter Arbeitstag geht dem Ende zu. Ab morgen ist er Rentner.

Große Materielle Sorgen hat er nicht. Auch Angst vor einem Kollaps des Rentensystems, wie es viele Deutsche für sich befürchten, kennt er nicht. Seine Rente steht auf drei voneinander unabhängigen Beinen oder, wie man in der Schweiz sagt, „Säulen". Das Drei-Säulen-System ist die Grundlage der Altersversorgung für jeden, der seine Rentenansprüche in der Schweiz erwirbt. Die ersten zwei Säulen sind Pflicht, die dritte Säule ist freiwillig und wird zum Teil staatlich gefördert.

Hermann ist 1977 nach Luzern „gezügelt". Er hat bisher 32 Jahre in der Schweiz gelebt, gearbeitet und „geklebt". Für diese 32 Beitragsjahre bekommt er die Rente nach dem Schweizer System. In der Zeit davor hat er in Deutschland als Ingenieur bei „Mannesmann" gearbeitet. Da flossen einige D-Mark von seinem Gehalt in die deutsche Rentenversicherung. Die Rente daraus bekommt er jetzt natürlich auch in die Schweiz. Jeden Monat auf sein Konto bei der Postbank.

Die Altersvorsorge und das Schweizer Drei-Säulen-System

Die AHV (Alters- und Hinterlassenenvorsorge) und die IV (Invaliden-versicherung) als Teil der obligatorischen Sozialversicherungen bilden zusammen die erste oder auch staatliche Säule. Diese Säule soll den Mindestexistenzbedarf sichern. Die Obergrenze der Rentenzahlungen in der ersten Säule lag 2008 bei 2.150 Franken. Die erste Säule gilt für alle, auch für Selbständige und Nichterwerbstätige (darunter fallen in der Schweiz auch Hausfrauen und -männer).

Die erste Säule wird ergänzt durch die Pensionskassen der Beruflichen Vorsorge (BV), die eine zweite Säule bilden. Diese durch die Kantone kontrollierten Vorsorgeeinrichtungen gibt es für alle Wirtschaftszweige und Unternehmensarten. Es gibt sowohl Sammeleinrichtungen von Berufsverbänden, Versicherungsgesellschaften oder Banken als auch Vorsorgeeinrichtungen einzelner Unternehmen. Die Versorgung aus der BV soll die Fortsetzung der gewohnten Lebensführung im Ruhestand ermöglichen. Im Gegensatz zur ersten Säule gilt die Pflicht zur Absicherung in der zweiten Säule nur für Arbeitnehmer. Ab einem Jahreseinkommen von mehr als 19.890 Franken und einem Beschäftigungsverhältnis von mehr als drei Monaten besteht Versicherungspflicht. Beitragspflichtig wird man mit dem vollendeten 17. Lebensjahr, die Altersguthaben werden jedoch erst ab dem 25. Lebensjahr gebildet. In der Zeit dazwischen ist man gegen die Folgen von Tod und Invalidität versichert, denn die BV fungiert wie die AHV auch als Invaliden- oder Hinterbliebenenrente.

Es gibt für diese Versicherung sowohl Freibeträge als auch Höchstgrenzen beim zugrundeliegenden Einkommen. Viele Vorsorgeeinrichtungen haben neben dem obligatorischen allerdings auch einen freiwilligen Teil. Natürlich bekommt man dadurch später auch mehr heraus.

Arbeitnehmer und Arbeitgeber zahlen die monatlichen Beiträge in die jeweilige Vorsorgeeinrichtung ein, die dem Betrieb angeschlossen ist. Als Beispielswert: Bei einem 40-jährigen mit einem Bruttoeinkommen von 5.500 Franken beträgt der Arbeitnehmeranteil im Durchschnitt etwa 7 %, wobei individuelle Werte stark abweichen können. Die angefallenen Beträge nimmt der Arbeitnehmer beim Jobwechsel zur eventuell anderen Vorsorgeeinrichtung mit.

Selbständige können sich ebenfalls bei einer Vorsorgeeinrichtung ihres Berufsverbandes versichern, es besteht jedoch keine Verpflichtung dazu.

Die derzeitige jährliche Altersrente aus der BV beträgt 7,2 % der eingezahlten Summe einschließlich der Zinsen zum Zeitpunkt der Pensionierung.

Die Leistungen der BV kann man auch in Deutschland beziehen. Man kann sich das Guthaben zur Pensionierung auch in einer Summe auszahlen lassen und es beispielsweise selber anlegen. Auch für die Finanzierung von Wohneigentum kann die zweite Säule herangezogen werden. Arbeitnehmer, die in die Selbständigkeit wechseln, können ebenfalls die BV anzapfen.

Während die ersten beiden Säulen des Schweizer Sozialsystems sicherstellen sollen, dass der Versicherte mindestens 60 % des zuletzt bezogenen Gehaltes als Altersversorgung erhält, dient die dritte Säule zur Deckung weiterer Bedürfnisse. Die Absicherung in der dritten Säule ist freiwillig. Im Unterschied zum gewöhnlichen Sparen, kann man zum Teil steuerliche Begünstigungen nutzen. Der Schweizer unterscheidet deshalb noch einmal zwischen Säule 3a und Säule 3b.

Die Säule 3a ist die gebundene steuerbegünstigte Vorsorge. Hier werden – unterstützt vom Staat – durch Banken und Versicherungen bestimmte Finanzprodukte angeboten, die an feste Laufzeit und Summen gebunden sind. 6.077 Franken kann ein Erwerbstätiger pro Jahr steuerlich begünstigt einzahlen, wenn er auch einer Pensionskasse angehört. Sofern dies nicht der Fall ist, kann er 30.384 Franken jährlich steuerfrei in die Säule 3a einzahlen (Stand 2009). Die Erträge während der Laufzeit sind einkommensteuerfrei, die spätere Rente daraus ist zu versteuern. Die Entnahme von Kapital aus 3a-Produkten ist stark reglementiert.

Wer es flexibler mag und sein Geld bei günstigen Gelegenheiten umschichten möchte oder vor Erreichen der Rente eine größere Investition plant, dem ist vielleicht eher zu einem freien Finanzprodukt, der Säule 3b zu raten. Hier sind die Möglichkeiten ähnlich denen in Deutschland. Steuerliche Vorteile der 3a-Produkte fallen allerdings weg.

Es empfiehlt sich in jedem Fall, sein persönliches Vorsorgepaket von einem Fachmann in der Schweiz durchleuchten zu lassen.

Schweizer werden?

Einige Deutsche, die das Leben im Ausland kennen gelernt haben, möchten die Nationalität der neuen Heimat annehmen. So auch in der Schweiz. Man kann die doppelte Staatsbürgerschaft wählen oder ganz den Pass und die Nationalität tauschen. Doch ganz so schnell geht das natürlich nicht und es müssen zunächst ein paar Grundvoraussetzungen geschaffen sein.

Wer Schweizer werden will, muss mindestens zwölf Jahre in der Schweiz gelebt haben, wobei die Jahre zwischen dem zehnten und 20. Lebensjahr doppelt zählen. Er darf in dieser Zeit keine Straftaten begangen haben und kein „Risiko für die Schweizer Eidgenossenschaft" darstellen. Diese erste Hürde kann mittels eines Antrags beim Bundesamt für Migration genommen werden.

Je nachdem, in welchem Kanton man seinen Wohnsitz hat, geht es dann aber weiter. Man kann nicht einfach so etwas wie ein „Bundesschweizer" werden, wie man bisher „Bundesdeutscher" war. Man wird Schweizer in einem Schweizer Kanton. Und zwar nur in dem Kanton, in dem man bei Antragstellung lebt. Selbstverständlich gibt es analog zur Zahl der Schweizer Kantone auch 26 unterschiedliche Vorgaben dafür, wie lange man bereits im Heimatkanton leben muss, um dort eingebürgert zu werden. So sehen beispielsweise die Kantone Zürich und Jura vor, dass der Kandidat mindestens zwei Jahre in der Einbürgerungsgemeinde (nicht nur im Kanton) gelebt haben muss, in Luzern sind es drei Jahre. Im Aargau muss man fünf Jahre gelebt haben, davon mindestens drei in der Gemeinde, in der man sich einbürgern lassen will. Im Kanton Solothurn muss man sechs Jahre einfach irgendwo im Kanton gelebt haben, und in den anderen Kantonen ist es – natürlich – ähnlich individuell. In Nidwalden hat man es als Ausländer mit den Grundvoraussetzungen für die Einbürgerung wohl am schwersten, denn dort muss man tatsächlich zwölf Jahre durchweg gelebt haben, bevor man überhaupt anfragen kann, ob man Schweizer werden darf.

Hat man die individuelle Voraussetzungen in seinem Kanton erfüllt, dann bedeutet die jedoch noch lange nicht, dass man bereits die Schweizer Fahne im Vorgarten hissen kann, denn letztlich entscheidet auch nicht der Kanton, sondern die Gemeinde des jeweiligen Wohnortes, ob man den Schweizer Pass bekommt oder nicht. Hier ist es häufig eine Gemeindeversammlung, die neben anderen in der Gemeinde anstehenden Abstimmungen eben auch darüber entscheidet, ob ein bisher deutsches Mitglied der Gemeinde das Bürgerrecht der Gemeinde erhalten soll, was quasi eine Einbürgerung in die Schweiz bedeutet, oder eben nicht. Solche Abstimmungen können ausfallen wie eine Lotterie. Es kann völlig egal sein, wie redlich oder aktiv der Kandidat in der Gemeinde ist. Auch hier geht, wie bei allem in der Schweiz, der Wille tatsächlich per Abstimmung vom Volk aus. Ein Anspruch auf Einbürgerung in eine Gemeinde besteht im Regelfall nicht und Einspruch ist grundsätzlich zwecklos. Man kann es aber nach ein paar Jahren erneut versuchen.

Was aber genauso interessant ist wie die Frage nach der Möglichkeit, ist die Frage, ob denn die Deutschen überhaupt Schweizer werden wollen:

„Darüber habe ich bisher nicht nachgedacht und sehe dafür auch noch keinen Grund. Ich wohne erst seit fast zwei Jahren hier. Aber wenn, dann kann ich mir nur eine doppelte Staatsbürgerschaft vorstellen."
Nadine Bertram, Zürich

„Wenn ich die Möglichkeit bekomme – ja. Momentan würde ich aber die doppelte Staatsbürgerschaft noch bevorzugen."
Olaf Melber, Bern

„Ja. Wenn ich in einem Land lebe und dort bleiben will, möchte ich auch gerne an Abstimmungen und Wahlen teilnehmen."
Frank Barner, Zürcher Oberland

„Ich arbeite daran. Der Ablauf der Einbürgerung in meinem Fall wäre die ‚erleichterte' Einbürgerung. Das liegt daran, dass ich mit einer Schweizer Staatsbürgerin verheiratet bin. Es bedeutet zum einen eine kürzere Wartefrist, nämlich die minimale Anzahl an Jahren, bis eine Einbürgerung möglich ist, und zum anderen ein weniger aufwändiges Verfahren, da in diesem Fall keine Abstimmung durch die Einwohner meiner Wohngemeinde über den Einbürgerungsgesuch mit der Gefahr einer Ablehnung vorgesehen ist."
Ingo Fechner, Zürich

„Den Status ‚Schweizer' halte ich nicht mehr für so erstrebenswert, wie ich das jahrelang dachte."
Christina Elsässer, Kt. Aargau

Doch auch wenn das Thema Einbürgerung unterschiedlich gesehen wird von den Deutschen – wie sehen sie ihre Heimat Deutschland aus der Ferne?

„Ich will nicht mehr zurück – es sei denn es ist unvermeidbar."
Fred Apostel, Zürich

„Sollte Deutschland sein totalitäres System (Generalverdacht der Steuerhinterziehung gegen seine Bürger etc.) abschwächen oder über den Haufen werfen, komme ich jederzeit wieder in mein geliebtes Vaterland zurück."
Andreas Rabestein, Zürich

„Ich weiß nicht, wohin mich meine berufliche Zukunft noch führen wird. Nach Deutschland zurück kann ich mir aber nicht vorstellen."
Olaf Melber, Bern

„Auch wenn der ursprüngliche Grund (meine Exfrau) nicht mehr da ist, und manche Dinge, speziell die geschürte Xenophobie durch Boulevardpresse und SVP, wirklich stören, habe ich hier meine Heimat gefunden."
Peter Zech, Zug

„Der Plan sieht eigentlich eine Rückkehr in den kommenden fünf Jahren vor. Spätestens wenn ich Kinder habe, möchte ich wieder zurück."
Jürgen Winandi, Kreuzlingen

„Ich liebe die Schweiz und das System. Auch Deutschland hat seine schönen Seiten, aber die politische Entwicklung macht mir Sorgen. Der Bürger wird von einem immer größeren Staatsapparat kontrolliert, überwacht und ausgepresst. In der Schweiz hat der Bürger das letzte Wort und kann unter Umständen sogar eine Gesetzesänderung veranlassen. Das System ist hier ausgewogener. Nicht nur Firmen, sondern auch die Gemeinden und Kantone unterliegen einem gesunden Wettbewerb. Ein Leben in Deutschland ist für mich mittlerweile unvorstellbar. Ich käme mir politisch bevormundet, wirtschaftlich ausgebeutet und vom Staat kontrolliert vor."
Roger Fromm, Kloten

„Ich kann mir nicht vorstellen, nach Deutschland zurückzukehren, da mich selbst kurze Aufenthalte dort, egal ob geschäftlich oder privat, deprimieren!"
Andreas Cronenberg, Kt. Tessin

Buchempfehlungen

Normalerweise wirbt an dieser Stelle ein Verlag für seine Bücher. Meistens der Verlag, von dem das bedruckte Werk in Ihrer Hand gerade stammt. Das sparen wir uns.

Stattdessen möchte ich Sie gerne auf ein paar andere Bücher aufmerksam machen, deren Abverkauf dem Verlag oder mir finanziell überhaupt nichts einbringt. Es sind einfach nur brauchbare Bücher.

Da wäre zum einen die „Gebrauchsanweisung für die Schweiz" aus dem Piper Verlag vom Autor Thomas Küng. Der Kollege ist Schweizer und hat die Schweiz aus seiner Sicht für Deutsche erklärt. Dieses Buch war mein Erstkontakt mit Lektüre zum Thema und von da an wusste ich, dass die Schweiz anders, merkwürdig und interessant ist und wollte mehr erfahren. Dieses Buch gehört zum Basiswissen!

„Living and Working in Switzerland" von David Hampshire erhalten Sie auf www.survivalbooks.net, falls es nicht bei amazon erhältlich ist. Das

Buch ist eine Art „Was ist was?" der Schweiz, allerdings in englischer Sprache und geschrieben für Briten oder Australier. Trotzdem wird auf 325 Seiten verständlich, was wie im praktischen Alltag der Schweiz funktioniert. Der Verlag heißt „Survivalbooks", das kann man ernst nehmen!

Die Deutsche Sandra Willmeroth und der Schweizer Fredy Hämmerli haben mit „Exgüsi" ein Buch geschrieben, das sich mit den „Dos and Dont's" im Zusammenleben von Deutschen und Schweizern auseinandersetzt. Höchst amüsant geht es darum, wie und warum sich Schweizer und Deutsche missverstehen, was die jeweilige Seite tun könnte, um nicht gleich beim Anderen durchzufallen, und sogar wie die jeweiligen regionalen Spezies ticken. Man erfährt nicht nur den Unterschied zwischen Deutschen und Schweizern, sondern auch den zwischen Hamburgern und Baden-Württembergern, Zürchern und Bündnern und kann herauslesen, warum die einen eher mit den anderen können oder warum eben nicht. Locker geschriebener Ratgeber mit Unterhaltungsfaktor. Oder andersrum.

Hilfreiches und Unterhaltsames im Netz

Wenn Sie Begriffe wie „auswandern Schweiz", „arbeiten in der Schweiz" oder „Deutsche in CH" in Suchmaschinen eingeben, dann bekommen Sie eine ganze Menge Schrott und einiges Brauchbares angezeigt. Bei meiner Recherche sind mir einige Webadressen hilfreich gewesen, die ich Ihnen natürlich nicht vorenthalten möchte. Es gibt noch viele andere und wird künftig auch noch weitere geben. Diese Liste bleibt deshalb unvollständig. Die hier genannten Links sind jedoch seriös und die Informationen brauchbar. Ich habe auch drei Foren in die Liste aufgenommen. Bei Xing und auch bei Hallo-Schweiz sind sowohl Schweiz-Profis wie auch Amateure als Ratgeber in den Foren aktiv. Ich habe die Erfahrung gemacht, dass in diesen Quellen der Sachverstand recht hoch und die Hilfestellungen und Beiträge meist kompetent und nützlich sind.

www.xing.com/net/germanyswitzerland

Die Gruppe „Deutsche in der Schweiz" hat bereits über 6.000 Mitglieder. Neben einem regen Austausch über alles Mögliche im Zusammenhang mit Deutschen in der Schweiz bekommt man hier auch auf spezielle Fragen wie etwa zur Zuständigkeit von Steuerbehörden bei Grenzgängern oder zu Fristen bei der Anmeldung des Wohnsitzes durchaus kompetente Antworten.

www.xing.com/net/zurich

Die Gruppe „Xing Zürich" ist mit knapp 20.000 Mitgliedern das Portal, wenn es um Zürich geht, die Region, in der die meisten Deutschen in der Schweiz zu finden sind. Fast alles, was Deutsche in Zürich interessiert, wird hier diskutiert.

www.hallo-schweiz.ch

Im Forum einer der am häufigsten erwähnten Seiten zum Thema tummeln sich tausende Deutsche und tauschen sich zu allem Möglichen aus, was im Zusammenhang mit dem Leben in der Schweiz interessant sein könnte. Daneben gibt es auf der Website reichlich Infos zum Leben in der Schweiz.

www.bfm.admin.ch

Das Schweizer Bundesamt für Migration informiert hier über Zuwanderungsbestimmungen, Gesetze und Verordnungen. Alles Behördliche zum Thema gibt es hier aus erster Hand.

www.blogwiese.ch

Jens Rainer Wiese beobachtet Schweizer Eigenarten und findet allerlei Dinge, die für Teutonen mitunter merkwürdig scheinen.

www.monster.ch

Größtes Job-Portal in der Schweiz, wird auch von vielen Recruitern in der Schweiz genutzt.

www.crus.ch

Das Webportal der Schweizer Universitäten.

www.ezv.admin.ch

Die Website der Eidgenössischen Zollverwaltung. Informationen z. B. zur Einfuhr von Kraftfahrzeugen beim Umzug in die Schweiz.

Abschließend möchte ich auch auf die Webseiten der Kooperationspartner dieses Buchprojekts hinweisen:

www.victorinox.ch

Die Schweizer Messerschmiede.

www.talktalk.ch

Günstige Telefontarife nach Deutschland.

www.swisscom.ch

Größter Telekommunikationsanbieter der Schweiz.

www.sunrise.ch

Mobilfunk, Festnetz und Internet vom privaten Anbieter.

www.standort-winterthur.ch

Die Standortförderung der Region Winterthur

www.svag.ch

Schweizer Vermögensberatung – Pendant zur Deutschen Vermögensberatung.

www.nationalesuisse.ch

Schweizer Krankenversicherung mit einer Abteilung speziell für deutsche Zuwanderer.

www.Immoscout24.ch

Portal mit Wohnungsangeboten in der Schweiz.

www.g-hr.ch

Global Human Resources – Personalvermittlung für IT-Spezialisten.

www.comparis.ch

Der Online-Vergleichsdienst in der Schweiz.

www.asn.ch

Globaler Expatriates-Service für Firmen und Privatpersonen.

Dankeschön

Mein Dank gilt allen, die sich auf meinen Aufruf gemeldet und angeboten haben, als Deutsche aus ihrem Schweizer Alltag zu berichten und mich an ihren Wegen in die Schweiz teilhaben zu lassen. Ihre Geschichten sind das, was dieses Buch ausmacht. Mein besonderer Dank gilt dabei natürlich all jenen, die bis zum fertigen Portrait durchgehalten und mir hierfür ihre Zeit und Aufmerksamkeit geschenkt haben. Leider konnten letztlich nicht alle Portraits im Buch abgebildet werden. Viele Teilnehmer werden mit ihren Erfahrungen und Erlebnissen an verschiedenen Stellen zitiert. Für die Unterstützung und Mitarbeit bedanke ich mich auf das Herzlichste bei:

Fred Apostel, Arndt-Christian Arns, Damaris Baca, Frank Barner, Jens Christoph Baumann, Nadine Bertram, Elisabeth Bindemann, Dr. Jörn Birkel, Heiko Blumentritt, Björn Bode, Alexandra Breidecker, Dr. Sebastian Breuer, Kay Brunner, Jürgen Büsser, Carola Copland, Carsten Crome, Andreas Cronenberg, GianPiero Curatolo, Melanie Jane Diercks, Dorothea Dietze, Uwe Disselmeier, Lothar Ebner, Judith Egle, Christina Elsässer, Ingo Fechner, Verena Feuerstein, Marcus Fihlon, Jutta Fleischmann, Alexej Freund, Daniela Fritzsche, Roger Fromm, Christine Gevelhoff, Tatjana Giesbrecht, Marita Gotti Haupts, Anke Gottwein, Liane Gross, Dr. Thomas Grützner, Edgar Habich, Chris Hartmann, Sabine Heinrich, Wolfgang Heinrich, Johann Hermann, Klaus Himbert, Nelli Hoerner, Anne-Carolin Hopmann, Carsten Jacobs, Benjamin Jentzsch, Jaqueline Käding, Carolin Kloz, Simone Knell, Melanie Knobelspies, Jürgen Kob, Susanne König, Kathrin Krause, Maren Krueger, Maike Joana Kruse, Thomas Legath, Hans Christian Lehmann, Frank Leistner, Christiane Lellig, Carsten Leuters, Silke Loeffler, Ulrich Maier, Gisela Meisen-Nussbaum, Olaf Melber, Raffaela Meurer, Hajo Michels, Victoria Milde, Nicole Montag, Claudia Moosecker, Kathrin Neumann, Robert Nieberg, Ina Paschen, Iris Pasternack, Wolfgang Pietzek, Doreen Pimpl, Andrea Puschmann, Andreas Rabestein, Dieter Raitor, Andreas Raml, Dörthe Rehm-Garbe, Vanessa Reinwand, Tobias Rölz, Isabelle Rossand, Urte Sabelus, Silke Schäfer, Dr. Gerd Schallenberg, Stephanie Schmid, Michaela Schmidt, Dorothee Schramm, Stephanie Selig, Martina Stadler, Romy Steinhäuser, Martin Stork, Markus Stübchen, Sebastian Thormann,

Jan-Henrik Tiedemann, Fabian Uhl, Carina Velten, Andreas von Rosen, Oliver Vulter, Dr. Ralf Walter, Alexander Weiss, Jens Rainer Wiese, Hans Jürgen Winandi, Annett Winkler, Enrico Würfel und Peter Zech
...sowie auch bei:
A. Alt, D. Anders, F. J. Bauer, F. Bauer, A. Baumast, T. Beck, M. Becker, M. Behr, G. Beilke, A. Bensheimer, M. Beste, M. Beyer, U. Biermann, M. Birneder, M. Bischoff, E. Borodowski, B. Bossmann, T. Bräuer, V. Brimer, M. Broehl, A.K. Brunner, G. Bryant, P. Buchenau, M. Burger, S. Busch, Dr. S. Buzziol, T. Clemens, M. Danicek, M. Decker, C. Demmler, K-L Deter-Lüken, A. Deuss, S. Diekert, A. Dietrich, V. Dietzel, C. Dilger, D. Ditze, G. Dönnges, A. Drews, O. Dross, L. Ebner, M. Fiechtner, M. Fihlon, B. Fischer, M. Fischer, S. Fischer, P. Fladerer, R. Flothmann, S. Franzl, M. Frühsorge, F. Fuchs, M. Fuhrken, Dr. M. Funk, C. Funke, B. Gansen, R. Gatter, B. Geissler, O. Gerloff, S. Geuss, C. Gieling, D. Giger, L. Glassner, S. Goeckel, G. Goldbeck, L. Graef, E. Grebe, W. Greis, O. Grewe, L. Gross, J. Grosswindhager, C. Hagenberg, H.-J. Hall, C. Hanke, K. Hartmann, K.-J. Hartung, D. Hauri, R. Hausmann, M. Heckner, S. Hees, K. Hefftner, Dr. M. Heim, S. Heimerl, S. Heinrich, I. Henning, R. Hess, T. Heß, P. Hilbert, S. Hocker, M. Homann, M. Horstendahl, S. Hürthen, T. Iwanowski, D. Junghanns, A. Kaltenbach, S. Känel, I. Katschner, S. Keiderling, S. Kentner, M. Kersting, W. Kessler, K. Kissau, A.-C. Kistner, S. Klammes, C. Kloz, O.-W. Kolb, T. Korell, A. Körner, J. Kotsch, S. Kriesel, H.-A. Krüger, J. Kruse, U. Kuhnhenn, Dr. C. Kummer, M. Lange, T. Langeneke, D. Leiner, N. Lellek, G.-E. Lepore, Dr. F.-J. Lerdo, M. Leuchtmann, P. Lichtenberg, A. Linnerth, J. Lippmann, D.Marschall, F. Märtins, A. Mayer-Kording, M. Melzer-Wollersheim, G. Meyer, M. Möller, Dr. A. Moosburger, J. Müller, M. Müller, P. Müller, J. Müller, C. Müller, R. Mürmann, M. Nadler-Schulz, K. Nesemann, B. Neuhofen, H. Nguyen, R. Nieberg, M. Nörtemann, N. Nottbohm, E.-L. Novack, T. Obert, A. Olzog, C. Osthoff, K. Pelzer, S. Peter, M. Peters, M. Pfeifle, Dr. D. Pförringer, S. Pilgram, J. Popp, A. Preu, V. Pühler, K. Quenzer, A. Rabenstein, T. Ramadan, Dr. J. Rehbein, R. Reinhardt, I. Reusser, F.-A. Riebeling, Dr. M. Riffelmacher, K. Rimann, T. Rinklin, A. Roeske, C. Rosentritt, H. Salg, Dr. A. Sanchen, H. Sarnau, C. Sarrazin, T. Schade, S.-L. Schaefer, R. Schauecker, F. Schiller, H. Schindler, T. Schlichtherle, C. Schmelter, S. Schmelzer, H. Schmid, I. Schmidt, M. Schnapauff, C. Schneider, R. Schneider, J. Schneiders, A. Schoenherr, K. Schüller, M. Schunke, S. Schurig, D. Schütt, C. Schütte, F. Schwarz, B. Schwede, C.

Schwegler, M. Schweiker, F. Seewald, R. Seidler, M. Sennert, S. Sinn, T. Spantig, O. Speck, K. Sprenger, R. Staab, N. Steinhauser, A. Stepken, N. Stoff, J. Sturm, K.-W. Sur, R. Tatu, C. Teichmann, M. Tempel, K. Thev, J.-H. Tiedemann, M. Tiemann, H. Timmerkamp, S. Tröger, S. Trotz, S. Uhle, K. Ullrich, T. Ullrich, J. Urbahn, K. Utsch, M. Vöge, M. Vogt, M. Vorlicky, M. Wagner, H. Wahl, S. Watzka, G. Weber, R. Weber, S. Weber, A. Wegmann, K. Wehleit, S. Wehren, M. Weil, B. Weil, S. Weisbrod, R. Welsch, C. Wendt, K.-J. Wenzel, I. Wesenick, U. Zettler, S. Zitzmann, C. Zölch,

Bildmaterial & Fotocredits

Während der Arbeit am Buch entstand die Frage, wie man den Inhalt visuell begleiten und welche Bilder man in das Buch einbinden sollte. Einfach die Druckrechte für Bilder zum Thema Schweiz bei irgendeiner Agentur zu kaufen, war uns zu unpersönlich. So entstand die Idee, „die Schweiz der Projektteilnehmer" abzubilden. Ich bat die Portraitierten also um Fotos, die die Schweiz für sie darstellen und die nicht nach Postkarte aussehen, denn davon gibt es ja überall genug. Herausgekommen ist eine Auswahl an Bildern, die nicht immer etwas mit dem umgebenden Text zu tun haben, vielleicht auch manchmal ein humorvolles Gegenlicht darstellen, oder die einfach ein bisschen neben der Spur, aber auf alle Fälle immer authentisch sind und von den Projektteilnehmern in der Schweiz gemacht wurden. Vielen Dank an:

Damaris Baca (S. 11, 78, 96)
Dr. Jörn Birkel (S. 13, 132)
Nadine Bertram (S. 17, 86)
Fred Apostel (S. 21, 41)
Frank Leistner (S. 24, 36, 51, 67, 123, 156, 184)
Melanie Knobelspies (S. 27, 94, 129, 192, 201, 203)
Sebastian Thormann (S. 29, 34, 44, 54, 68, 75, 112, 166, 187)
Christina Elsässer (S. 22, 58, 89)
Chris Hartmann (S. 62, 126, 148, 162, 176, 190)
Nadine Bertram (S. 86)
Christine Müller (S. 92)
Vanessa Reinwand (S. 100, 118, 165)
Andreas Rabestein (S. 103, 120)
Markus Stübchen (S. 104, 143)
Iris Pasternack (S. 111)
Jaqueline Käding (S. 115)
Kerstin Rimann (S. 116)
Alexandra Breidecker (S. 128)
Tatjana Giesbrecht (S. 135)
Elisabeth Bindemann (S.53, 138)
Simone Knell (S. 145)
Dr. Stefan Meierhofer (S. 158)
Robert Nieberg (S. 168)
Kathrin Krause (S. 179)
Stephanie Schmid (S. 155, 194)

Sponsoren

Dass das Buch vollfarbig gedruckt werden konnte, ist dem Engagement der Kooperationspartner zu verdanken. Ich bedanke mich deshalb für ihre Unterstützung herzlich bei:

ASN / Comparis / Global Human Resouces / Immoscout24 / National Suisse / Schweizer Vermögensberatung / Standortförderung Region Winterthur / Sunrise / Swisscom / TalkTalk / Victorinox